August Schmarsow

Donatello - eine Studie über den Entwicklungsgang des Künstlers

und die Reihenfolge seiner Werke

August Schmarsow

Donatello - eine Studie über den Entwicklungsgang des Künstlers
und die Reihenfolge seiner Werke

ISBN/EAN: 9783743403086

Hergestellt in Europa, USA, Kanada, Australien, Japan

Cover: Foto ©Thomas Meinert / pixelio.de

Manufactured and distributed by brebook publishing software (www.brebook.com)

August Schmarsow

Donatello - eine Studie über den Entwicklungsgang des Künstlers

INHALT

Einleitung.

  I. Die Jugendwerke für den Dom zu Florenz . . . . 3— 10

  Die Prophetenfigürchen auf der Porta della Mandorla — Josua-Daniel im Dom — Der Crucifixus in S.ta Croce — Der Evangelist Johannes — Poggio Bracciolini oder Josua-Hiob?

 II. Die Statuen an Orsanmichele . . . . 11—17

  Die Verkündigung in S.ta Croce — S. Petrus — S. Marcus — Der David mit der Schleuder im Bargello — Der heilige Georg — Der Kampf mit dem Drachen.

III. Die Gestalten am Campanile . . . . 17—23

  Johannes der Täufer — Der sogenannte Habakuk — Abrahams Opfer — Giovanni di Bartolo, il Rosso, Donatello's Gehülfe — Der Zuccone — Jeremias — Die Büste des Niccolò da Uzzano im Bargello.

 IV. Die Gemeinschaft mit Michelozzo . . . . 24—30

  Das Grabmal Johanns XXIII im Baptisterium zu Florenz — Die Grabmäler Brancacci in Neapel und Aragazzi in Montepulciano — Das Bronzerelief am Taufbrunnen in Siena — Die Statuetten daran — Der bronzene David im Bargello — Der marmorne Johannes daselbst — Der Johannes in Casa Martelli und die Reliefbüste im Bargello.

  V. Römische Einflüsse . . . . 30—38

  Arbeiten in Rom — Das Tabernakel in S.t Peter und die Grablegung daran — Verwandte Bronzereliefs in Prato und Florenz — Die Kanzel am Dom von Prato — Die Madonna am Dom von Siena — Judith über Holofernes — Marmorarbeiten im Pal. Medici — Die Orgelbalustrade für den Dom von Florenz.

VI. Die höchsten Aufgaben historischer Kunst . . . . . . 39—47

Die Johannesbüste in Faenza — S. Luigi in Sta Croce — Büste des S. Lorenzo — Die Sakristei von S. Lorenzo — Eine Reiterstatue für Neapel — Der Aufenthalt in Padua — Gattamelata — Arbeiten im Santo — Die Geschichten des heil. Antonius — Die historischen Reliefs — Die Grablegung Christi.

VII. Die Letztlinge und das Wesen seiner Kunst . . . 48—56

Asketen-Gestalten in Venedig, Faenza, Siena, Florenz — Die Reliefs in S. Lorenzo Kanzeln und im Bargello — Tod — Donatello als Führer des Quattrocento — Das Wesen seiner Kunst — Donatello und Michelangelo.

ONATELLO und MICHELANGELO sind das A und das Ω der italienischen Renaissance-Skulptur. Heute erst, wo wir das fünfhundertjährige Jubiläum der Geburt Donatello's feiern, tritt diese Erkenntniss ins allgemeine Bewusstsein. Der Eine steht am Anfang, der Andre am Ende einer eigentümlichen, in sich abgeschlossenen Entwicklung, und alle übrigen Erscheinungen dieser Kunst gruppiren sich um das eine weit hervorragende Paar. Kein dritter Faktor dünkt uns so notwendig wie diese beiden, die sich gegenseitig bedingen und zu fordern scheinen.

Denn Donatello ist der erste Bildhauer, dem die elementare Zeugungskraft des Quattrocento in vollstem Mafse gegeben ward. Er ist der Bahnbrecher dieses schöpferischen Jahrhunderts, dem Wahrheit und Wirklichkeitstreue über Alles geht. Er schafft eine neue Welt von plastischen Gestalten, welche diesem Geiste seiner Zeit verständlichen Ausdruck leihen. Michelangelo aber fusst auf ihm, ja er wäre ohne ihn undenkbar, obgleich sich sein Schaffen in entgegengesetzter Richtung bewegt. Beide gehören zu einander und bleiben doch am weitesten getrennt, wie die Pole einer Axe, — um die sich die ganze florentinische Kunstwelt dreht.

Donatello ist der Begründer der neuen statuarischen Kunst. Was kann da wichtiger sein als eine Untersuchung über das eigenste Ziel seines Strebens? Könnten wir die Richtung seines Wollens und die Erfolge seines Könnens bestimmen, — so müsste sich gleichsam die Resultante seiner ganzen Tätigkeit ergeben.

Man hat von Vorläufern Donatello's gesprochen, und meint damit jene kleinen Meister, welche ihr gotisches Handwerk mit antiken Ziermotiven aufgeputzt, oder die Wiedergeburt antiken Schönheitssinnes vorausverkündet haben. Aber der Anfang des neuen Wesens ist er selbst und er allein. Denn die Nachahmung antiker Formen, — war sie die urwüchsige Triebkraft, die jene Wunder florentinischer Kunst gewirkt hat, welche wir heute noch hochhalten? Die Anlehnung an die schwärmerisch verehrten Ueberreste einer längst vergangenen Blütezeit ist keine selbständige Potenz; sie setzt, wo sie gedeihen will, ein Aufstreben, ein Wachstum eigenen Wesens voraus. Die Seele der Quattrocentokunst ist der neue Wille eines jungen stark entwickelten Geschlechts.

das gesunde leidenschaftliche Verlangen nach der sinnfälligen Wahrheit und Wärme des Lebens. Dieser Drang aber bricht bei keinem andern Künstler so früh wie bei Donatello und nur bei ihm mit der ganzen Energie, ja mit der Einseitigkeit hervor, die zum siegreichen Durchdringen erfordert wird. Was wollen die Anwandlungen klassischer Schönheit bei Niccolò d'Arezzo besagen, oder die Ahnung statuarischer Wucht bei seinen Genossen, solange die alte Tradition selber festgehalten und eine Vermittlung noch möglich geglaubt wird? — Sogar Lorenzo Ghiberti scheint doch nichts Anderes zu ersehnen als ein stilles Herauswachsen aus den Gewohnheiten der gotischen Kunst, eine milde Verklärung ihrer strengen Züge, eine mit griechischem Leben und eigener Naturfreude aufgefrischte Erneuerung des mittelalterlichen Erbes. Ghiberti war unfähig der Vater einer neuen statuarischen Kunst zu werden, und seine malerisch gewordene Reliefkunst, deren hinreissende Schönheit uns alle bezaubert, ist damals fast nur den Malern zu Gute gekommen. — Den Gedanken, ganz von vorn anzufangen, fasst Donatello allein in seiner einfachen Aufrichtigkeit, und bleibt damit selbst bei einem Geiste so umfassender Art, wie Filippo Brunellesco, zunächst wenigstens unverstanden. »Du hast einen Bauern an das Kreuz genagelt«, ist der Vorwurf eines Konservativen, in dem der Idealismus der Gotik sich aufbäumt gegen die Wirklichkeitstreue der neuen Zeit.

Doch dem kerngesunden Wahrheitssinn gehörte die Zukunft. Auch die gediegenste Leistung eines Brunellesco konnte den Freund nicht von der Bahn zurückrufen, wenn sie einmal mit Bewusstsein betreten war. Brunellesco blieb der Aristokrat, der er war, und gab dem Mittelalter einen Schlussstein ohne Gleichen in dem Kuppelbau des Domes. Als aber die gähnende Oeffnung durch die Tat dieses besten Mannes geschlossen war, hatte die neue Kunst, die sich rings in heiterer Unbefangenheit ergieng, keine Reaktion von der Vergangenheit mehr zu fürchten. In die Kirchen und Paläste, die Brunellesco selber erdacht, gehörten notwendig die Statuen und Bilder hinein, welche die junge Generation, seine Schüler allesamt nun schufen. Ihr Mann aber ist Donatello und liefert, anspruchslos aber unbeirrt, ein Werk ums andre nach dem Herzen seines Volkes.

Und was war nun das Wesen dieses Mannes, wie soll man es bezeichnen? Wo liegt der Lebensnerv in allen seinen Werken, wo die treibende Leidenschaft seiner langen Tätigkeit? — Man vermag einen grossen Künstler nicht besser zu ehren, als wenn man dies zu ergründen sucht. Doch sicher zu verstehen, wie er es meine, ist nur möglich, wenn wir die Entwicklung seines Schaffens in seinen Werken verfolgen.

Die Meinungen sind geteilt, ja sie schwanken in seltsamen Sprüngen hin und her, wie die Magnetnadel bei starken Abnormitäten, und zeugen so für die Grossartigkeit des Phänomens. »Donatello entwickelt schon jung seine eigenartige, echt realistische Kunstweise«, sagt der Eine[1]. »Wie wenig passt die Bezeichnung Realist für Donatello«, meint der Andre: »der Realismus besteht darin die Tradition zu unterdrücken, oder richtiger zu wähnen, dass man sie beseitigt. Doch welcher Bildhauer hätte sich öfter an ihr begeistert als der, dessen Tendenzen

---

[1] Burckhardt-Bode, Der Cicerone 5. Auflage. 1884.

wir eben zu definiren suchen?«¹) — »Zwiefach«, heisst es an andrer Stelle²), »ist der Quell, aus dem Donatello schöpft: hier die Antike, dort die Natur«. »Donatello war ein hochbegabter Naturalist und kannte in seiner Kunst keine Schranken«, erwidert der Andere³); »Stellen, wo das Studium der Antike aus seinen Arbeiten herausklingt, stechen befremdlich ab neben dem Uebrigen«.

Bei so scharfen Widersprüchen im Urteil lohnt es sich wol die Sache selbst ins Auge zu fassen. Wir schlagen dabei den streng historischen Weg ein, um vor Allem eine Entwicklungsgeschichte des Künstlers zu gewinnen, und begleiten ihn objektiv und geduldig durch den Ablauf seiner Wirksamkeit, nur allzeit mit offenem Blick, die Tatsachen seines inneren Wandels zu erspähen⁴).

I

Die Jugendwerke für den Dom

Man darf voraussetzen, dass auch Donatello schwerlich von vornherein die klare Einsicht besass, der neue Most könne unmöglich in alten Schläuchen bleiben. Er versucht es zunächst sich in den hergebrachten Formen zu bewegen. Wie sollte es auch anders sein, da er die Technik seiner Kunst nur von den Meistern, die er vorfand, lernen konnte.

Es ist lehrreich, seine ersten Arbeiten unter diesem Gesichtspunkt zu betrachten. Wir werden Zeugen seines knospenden Wachstums; sehen gleichsam aus der schützenden Hülse den neuen Trieb hervorsprossen, erstarkend sie zersprengen und als lästige Einengung abstossen. Die alte Form, in der er auftritt, scheint ganz dem Meister Niccolò d'Arezzo zu gehören, der damals der künstlerischen Ausschmückung des Domes vorstand. Man war im Jahre 1406 beim letzten Seitenportal gegen Norden hin. Ein hoher Spitzgiebel mit der Himmelfahrt Marias in Marmorrelief sollte das gotische Tympanon bekrönen, wie ein mächtiger Wimperg, von schlanken Fialen flankiert, auf denen sich freistehende Statuetten erheben.

Während Nanni di Banco den Auftrag für die Marienglorie bekam, sein schönstes Werk, das ihn bis zum Tode beschäftigt, — hat Donatello die beiden

---

1. Eugen Müntz, Donatello. Paris 1885. S. 111, dagegen S. 113: »il rompt violemment avec la tradition, — est le révolutionnaire«.
2) Müntz a. a. O. spricht auch von »fluctuations entre l'étude de la nature et l'étude de l'antique«, wo sich allerdings die Frage aufdrängt, ob denn Natur und Antike zwei entgegengesetzte Pole sind?
3) Burckhardt.
4) *Ein glücklicher Fund in Rom ist mir Veranlassung geworden, mit meiner Kenntniss Donatello's Rat zu halten. Die Frage, an welcher Stelle seiner bekannten Tätigkeit das neu gefundene Werk einzuordnen sei, verlangte besondere Rücksicht auf die chronologische Reihenfolge, und so stellte sich heraus, dass die Resultate meines bisherigen Verkehrs mit dem Meister in unerwartet vielen Punkten von den Meinungen seiner Biographen abweichen. Gerade die neuesten Publikationen fordern durch ihre Gediegenheit heraus, sich mit ihnen auseinander zu setzen. Ich nenne ausser Semper, der schon 1875*

Prophetenfiguren für die Spitzsäulen gearbeitet¹). Es sind jugendliche Geschöpfe, schlank und klein. Die Gestalt zur Linken, die einen langen Mantel um Schultern und Leib geschlagen hat, lässt das rechte Bein weit zurücktreten, während das linke, wie auf einem Schemel fussend, im Kniegelenk gebogen, sich vorstreckt. Die Falten des Untergewandes fallen gerade herab, als hätte Niccolò d'Arezzo selber sie geordnet. Manche Einzelheiten weisen auf seine Verkündigungsfiguren, die an ähnlicher Stelle ein Tabernakel von Orsanmichele schmücken. Die scharfen Querlagen des Mantels aber, der um den rechten Arm geschlungen, von der Hand spielend berührt wird, während die Linke etwas emporgreifend den Saum des Tuches auf der Brust erfasst, — diese letzten Reminiscenzen gotischer Draperie erinnern ebenso stark an Lorenzo Ghiberti's Statuen. Nur der Kopf mit seinem krausen Haar zeigt schon nahe Verwandtschaft mit dem David im Bargello, den Donato nicht lange darnach begann, ja schon Anklänge an den heiligen Georg von Orsanmichele.

Ein echter Kindskopf sitzt drüben auf der knabenhaften Gestalt des andern Propheten, der in seiner Pose schon weit entschiedener die früheste Art des jungen Meisters aufweist. Er trägt nur einen kurzen Kittel, dessen weicher Stoff über den Gürtel hängt und den Körper hindurch erkennen lässt. Der rechte Arm sinkt gerade herab, mit dem aufwärts schlagenden Schriftstreifen in der Hand. Die Linke ruht mit ausgestrecktem Zeigefinger auf der Hüfte und hält so den herabgeglittenen Mantel, der, über den Ellenbogen geschlungen, schräg herunter nach hinten fällt, das rechte Bein bedeckt und wieder zum linken Arm zurückkehrend mit dem Zipfel über das Handgelenk schlüpft. Das linke Bein bleibt nackt, bis übers Knie sichtbar. Auf diesem aber ruht die ganze Figur, während das rechte sich seitwärts vorstreckt, dass die Falten der Draperie sich straff ziehen. So steht das Bürschlein gerade aufgerichtet und sicher da. Nur die Hauptlinie, die in starker Kurvatur über Kopf und linkem Ellenbogen, dann mit dem Gewande schräg bis zur rechten Fussspitze herunterläuft, betont noch energisch das gotische Stilprincip.

Er ist in dieser kühnen Stellung schon freier und selbständiger als eine andre grössere Prophetenfigur im Dome selbst, die stilistisch ganz nahe hierher

---

seinen Donatello herausgegeben, nur Arbeiter wie Bode in Burckhardt's Cicerone von 1879 und 1884, Eugen Müntz, Donatello, Paris 1885, und die italienische Festschrift zum Jubiläum von C. J. Cavallucci, Vita ed Opere del Donatello, Milano 1886. — »Il serait chimérique de chercher à classer chronologiquement l'œuvre immense laissé par Donatellon, sagt Müntz. Auch meine Absicht ist es nicht, jedes einzelne Werk aufs Jahr zu datieren; aber es scheint mir notwendig, den Versuch, alle irgend bedeutsamen Arbeiten in ihrem Zusammenhang mit vorausgegangenen oder nachfolgenden zu erfassen, trotz der Schwierigkeit zu wagen. Eine gewissenhafte Berücksichtigung aller Hülfsmittel zu diesem Zweck, der urkundlichen Daten wie der stilistischen Merkmale, muss eine sozusagen organische Reihenfolge ergeben, die unerlässlich ist, wenn es gilt den Entwicklungsgang, die inneren Bildungsgesetze eines solchen grandiosen Künstlerlebens zu verstehen. Gewiss erscheinen auch meine Ergebnisse noch nicht allerseits annehmbar und gesichert; ich selbst denke bescheiden darüber, weil ich die Schwierigkeiten kenne. Trotzdem schien es mir Pflicht der Aufrichtigkeit nicht zurückzuhalten, und Aufforderung genug, auch von deutscher Seite eine Festschrift beizutragen. Bei Donatello verlohnt es sich ja der Mühe immer aufs Neue anzusetzen; denn die Geschichte seines Wachstums ist ein Beitrag ersten Ranges zur Entwicklungsgeschichte der neuen Kunst überhaupt.

¹) Vgl. Semper, Donatello, Regesten No. 4. 6. 8 ff.

gehört. Ja, scheint Donatello bei dem ersten der soeben besprochenen Propheten noch ganz unter den Auspicien des Niccolò d'Arezzo zu arbeiten, so ist diese Statue im Dom jedenfalls die früheste seiner eigenen Leistungen, die wir besitzen. Man nennt sie heute gewöhnlich Josua, und erblickt in ihr nach alter Ueberlieferung das Bildniss des jugendlichen Giannozzo Manetti, der um 1412, wo der Josua bezahlt ward, sechzehn Jahre alt war. Nun aber trägt diese Figur im Dome nicht Stab oder Schwert, wie man von dem Volksführer erwartet, sondern ein Schriftband, wie die Propheten, zu denen er doch nicht gerechnet werden kann. Ich halte ihn deshalb vielmehr für den Propheten Daniel, den Donatello nach Vasari für die Domfassade gearbeitet, als er noch ganz jung war[1]). Daniel wird auch immer in erster Jugendfrische dargestellt, während wir Josua in voller Manneskraft zu sehen gewohnt sind. — Das Wichtigste ist aber der Charakter des Werkes selbst. Es stammt unmöglich erst von 1412, wo der Meister an Orsanmichele bereits seinen Marcus aufgestellt hatte. Die geschwungene Haltung und die konventionelle Gewandung zeigen noch derartige Befangenheit in der gotischen Tradition, dass selbst die Prophetenfigürchen der Porta della Mandorla darüber hinauszugehen scheinen. Oder genauer, meines Erachtens steht diese Gestalt zwischen jenen beiden in der Mitte. Schlichter in der Draperie als die Statuette zur Linken, aber noch stärker gebogen und unsicherer dastehend als der kecke Knabe rechts, verrät dieser Daniel auch in der Durchbildung der Extremitäten, die hier im grösseren Mafsstab sogar noch flüchtiger ist als dort, die frühe Entstehungszeit. Wären jene nächstverwandten Figürchen auf den Fialen des Nordportales nicht sicher beglaubigt, so würde man überhaupt kaum darauf verfallen, Donatello hier zu suchen. So aber haben wir ein wichtiges Dokument dafür vor uns, wie altertümlich gotisch die Schulung war, die er durchgemacht. Nur Kurven umschreiben den allgemeinen Umriss der Gestalt, und die Dominante, die vom Haupt bis zur Spitze des linken Fusses läuft, ist ebenso kräftig betont, wie bei der Statuette zur Rechten, die auch in der Haltung ihres Schriftbandes die grösste Aehnlichkeit aufweist. Aber eben hierin erscheint bei näherem Vergleich die kleinere Arbeit als die vorzüglichere: dieser Daniel trägt die Pergamentrolle in der linken Hand und lässt die Rechte, zur Faust geballt und doch willenlos, auf der vorgedrängten Hüfte des Standbeines ruhen, nur um das Arrangement des Manteltuches möglich zu machen, das sonst willkürlich und unhaltbar wäre. Auch hier sind noch Falten, die dütenförmig herabfallen, durchgezogene Enden und scharfe Ränder neben einfachen glatt aufliegenden Flächen, d. h. die Ueberreste einer konventionellen Draperie neben dem sichtbaren Bedürfniss nach plastischer Entfaltung der Körperformen. Nur der Kopf, der auf kräftigem Hals heraustritt, verkündet in einzelnen Zügen die eigenste Auffassung Donatello's. Die breite, aber vom jungen Haarwuchs eng umrahmte Stirn, die energische geradabsteigende Nase und der etwas grosse Mund, um dessen Lippen wie in den Augenwinkeln ein leichtes ironisches Lächeln zu spielen scheint, bringen, obgleich die technische Behandlung noch nicht ausreicht, eine Gesamtwirkung hervor, die

[1] Fece il medesimo, essendo ancor giovinetto, nella facciata di Santa Maria del Fiore un Daniello profeta, di marmo.

uns wie ganz individuelle Frische anmutet. So begreift es sich, wenn man in der statuarisch mangelhaften Figur doch das lebensvolle Porträt eines bestimmten Menschen erblicken möchte[1]).

Im Jahre 1408 wurde auch der David (im Bargello) begonnen, der seiner Stellung nach zu diesen Figuren gehört, in der technischen Ausführung jedoch wie in dem geistigen Ausdruck den Meisterwerken der nächsten Periode näher steht. Einen gewaltigen Ruck vorwärts zur unbefangenen Naturtreue spüren wir in dem gekreuzigten Christus von Sta. Croce. Die Gelegenheit, einen nackten Manneskörper zu gestalten und noch dazu in weicherem Material, in Holz zu schnitzen, musste den Künstler doppelt herausfordern, seinem plastischen Sinn und seiner Wahrheitsliebe Genüge zu tun. Keusch und edel, wie wir es um diese Zeit nicht anders erwarten können, entfaltet sich dieser Crucifixus, ohne jeden Zug schmerzlicher Verzerrung im Antlitz oder in den Sehnen. Aber wer von den Andern hätte damals dem Modell soviel abgelauscht, den Brustkasten in dieser Breite durchzuführen, die stämmigen Beine so kräftig zu modellieren gewagt und verstanden? — Das Haupt ist leise vornüber geneigt, nach der einen Seite mit dem Kinn auf die Brust gesunken. Die stille Einfachheit wirkt so gross. — Der Typus erinnert deutlich an Brunellesco, und eingehende Prüfung lehrt, dass die Durchführung der Extremitäten, besonders der Arme vom Ellenbogen ab, der ziemlich kleinen Hände und breiten Füsse nicht sehr ins Detail geht. Sie ist noch ebenso oberflächlich wie beim Daniel im Dome. Dahin weist auch die Behandlung des Lendentuches: es legt sich einfach, möglichst glatt um die Formen; aber die flachen, doch scharf gerandeten Querfalten, der Zipfel, der zwischen den Knieen herabhängt, und die alte Bemalung mit Saum und einem Querstreif, bestätigt die Entstehung um diese Zeit[2]). Nur die weichen Strähne des Haupt- und Barthaares nähern sich schon dem wolligen Gelock des Evangelisten Johannes, d. h. dem Stil dieses letzten und vollkommensten Werkes der ersten Jugendperiode, zu dem wir nun übergehen.

Im Jahre 1408 wurden bei Niccolò d'Arezzo, Donatello und Nanni d'Antonio di Banco drei sitzende Evangelisten für die Domfassade bestellt, mit dem Zusatz, der vierte solle von dem gearbeitet werden, der seine Sache am besten mache. Im nächsten Jahre jedoch wurde, um Reibereien vorzubeugen, die vierte Statue, und zwar Mattheus dem Bernardo Ciuffagni anvertraut. Niccolò d'Arezzo erhält nach den Urkunden Zahlung für den Marcus, Donatello für Johannes, Nanni d'Antonio für Lucas[3]). Der Marcus des Niccolò d'Arezzo macht sich leicht kenntlich: es ist ein Mann mit kahlgewordenem Schädel, aber breitem wolgeord-

---

1) Ich würde auf diese Statue die Restzahlung vom 13. Juni 1409 beziehen, wonach er »de figura per ipsum facta de quodam profeta« im Ganzen 100 flor. erhielt. Vgl. bei Semper, Regesten Donatello's No. 16.

2) Cavallucci setzt den Crocefisso contadino in die Jahre 1415—17; Bode weist ihn sogar mit der Magdalena im Baptisterium der »mittleren Zeit seiner Tätigkeit« zu. Ich kann nicht über 1410 hinausgehen!

3) Seit Semper's Versuch die Werke der vier Meister zu unterscheiden herrschte grosse Verwirrung, bis der Cicerone 1884 den Johannes Donatello's treffend heraushob. Nun erneuert Cavallucci den Irrtum Semper's, indem er sich, statt gegen Bode, gegen Müntz wendet, der dem Cicerone folgt.

neten Bartgelock, seltsam archaisch in dem fliessenden, hier und da überladenen Gewande, das besonders rechts neben dem linken Bein eine bedeutungslose Masse bildet. Drei Finger der rechten Hand, die den Griffel hielten, sind verstümmelt. — Fast gleichen Alters scheint der Mattheus des Bernardo Ciuffagni, mit schwer herabhangenden Augenlidern und klumpiger Nasenspitze. Er blickt starr nach unten hinab und ist auch in der Anordnung der Figur wie in der Gewandbehandlung der befangenste nach dem Werk des Meisters von Arezzo. Die Knie treten deutlich hervor, die Linke ruht auf dem Evangelium, das auf dem Schenkel steht, während die Rechte lässig am Leibe herunter auf das andere Bein fällt, als wäre sie willenlos herabgeglitten. Der alte Zöllner, dem sonst das Geld durch die Finger gelaufen, scheint in seinem neuen Amt als Schriftsteller einzunicken. — Der Lucas des Nanni ist der jugendlichste von Allen. Mit vollem Haargelock und kurzem Backenbart, schaut er mit gesenkten Lidern auf das Christenvolk zu seinen Füssen herab. Der rechte Arm hebt sich rund nach der Seite, indem die Hand sich auf den Schenkel stützt. Sicheres Selbstbewusstsein prägt sich in dieser Haltung aus, während die Linke etwas vorgestreckt das Evangelium umspannt, das geöffnet auf dem Schofse steht. Das linke Bein ist etwas zurückgezogen und der Mantel fällt in malerischer Breite von der Schulter über die Knie herab. Froh der Ehre thront er, wie ein junger König über seinem Volke, das ihn als klugen Richter bewundert. Die ganze Gestalt ist so lebensvoll und frisch, dass man sie für Donatello selbst nicht zu gering geachtet, ja noch heute hier und da gewillt ist, sie ihm zuzuschreiben. Und allerdings, sie hat durch einheitliche Augenblicksbewegung eine wirksame Hebung vor allen übrigen voraus. Bei den Florentinern damals mochte das Urteil sich wohl zu Gunsten Nanni's neigen; denn seine Gestalt spricht unmittelbarer an als die seines grossen Konkurrenten. Dennoch ist Donatello's Leistung als die bedeutendere nicht zu verkennen.

Vor allen Dingen darf es nicht zweifelhaft bleiben, dass wir Johannes den Evangelisten keineswegs in dem jugendlichsten der Vier zu suchen haben, sondern in dem ernsten, hoheitvollen Kopfe mit dem langen Vollbart, dessen wellige Locken auf die Brust herabfliessen. Gerade in Florenz ist dieser Typus des einsamen Apostels auf Patmos, den die Geheimnisse der Offenbarung durchschüttern, im Gegensatz zu Johannes dem Täufer bevorzugt, bis hinein ins weichere, jugendbegeisterte Cinquecento[1].

Majestätisch sitzt er, hochaufgerichtet auf seinem Stuhl. Der mächtige Oberkörper ist auf die starke Untensicht berechnet und erhöht diese Grossheit der Wirkung; die Knie sind absichtlich geneigt, als wäre ihm der Sessel etwas hoch, — ein Kunstgriff, den auch Nanni bei seinem Lucas angewendet hat. Sonst ist die Haltung der des Mattheus von Ciuffagni näher verwandt; aber gerade diese Vergleichung des Aehnlichen zeigt die monumentale Eigenart Donatello's. Auch hier ruht die linke Hand auf dem Evangelium, allein das Buch ist höher heraufgerückt, und der Arm stützt sich auf dem Rande, dicht am Handgelenk, das sich beugt

---

[1] Ich erinnere nur an Ghiberti's Thür des Baptisteriums, an Luca della Robbia's Erzthüre an der Sakristei des Domes, und an Brunellesco's Rundbild der Capp. Pazzi.

und die Hand selbst schräg heruntersinken lässt, sodass die Fingerspitzen den Buchdeckel berühren. Auch hier legt sich die Rechte ruhig am Leibe entlang in den Schofs, aber der Ellenbogen schiebt sich weiter vor, und der ganze Arm entfaltet sich mit dem begleitenden Mantel in grandioser Selbständigkeit, während er bei Ciuffagni dürftig und ungeschickt ausfiel. Die einfache Tunika fällt von den Schultern fast glatt über die Brust und lässt der Breite des Körperbaues ihre imposante Wirkung; aber vom Schofse abwärts verwickelt sich die Gewandung in die konventionellen Faltenzüge der alten Schultradition, und hier verrät sich, wie in den derben, noch nicht sprechend belebten Händen, dass die Statue in der Jugendperiode begonnen und grösstenteils ausgeführt wurde. Teilzahlungen aus den Jahren 1412 und 1413 beweisen, dass das Werk schon weit vorgeschritten war. Alle wesentlichen Züge müssen damals festgestanden haben, und so übertrifft denn Donatello auch in diesen Partieen freilich seine Genossen Niccolò d'Arezzo und Bernardo Ciuffagni bei weitem; Nanni di Banco dagegen ist einfacher und wirksamer zugleich, während Donatello's Breite durch allzu künstliche Mittel erreicht wird.

Eine Zutat späterer Zeit dürfte jedoch in besonders selbständigen Stücken, wie etwa im Kopfe zu suchen sein. Dieser ist in der Tat von unvergleichlicher Hoheit. Das kräftige Gelock des Haares giebt ihm etwas Zeus-Aehnliches; die starken Augenbrauen ziehen sich zusammen, so dass die Stirnhaut sich faltet; die Lider sind ganz geöffnet und der Blick auf einen festen Punkt in der Ferne geheftet. Sein Geist ist nicht mit der Menge zu seinen Füssen beschäftigt, sondern Erscheinungen in seiner eigenen Höhe gehen vor ihm auf und spannen in unerwarteter Entwicklung seine Aufmerksamkeit, ohne seinen Mut ins Wanken zu bringen. Unbeugsam und gerade sieht er den rätselvollen Dingen ins Angesicht, mit der klaren Entschlossenheit sie zu durchschauen; der festgeschlossene Mund kündet beredt den energischen Willen, und die abwärtsflutenden Wellen des Barthaares geben ihm ein ehrwürdiges, urgewaltiges Ansehen. Sollten wir nicht den ernsten Denker erkennen, an dem die Visionen der Apokalypse vorüberziehen, so würden wir keinen eher in ihm vermuten, als den Stifter des unerbittlichen Gesetzes, Moses selbst. Ja, wir meinen geradezu den Moses Michelangelo's. Der Gedanke an ihn, der sich sofort vor diesem Johannes aufdrängt, ist, wie man mit Recht gesagt hat, gewiss kein zufälliger: Michelangelo hat die grossartige Gestalt, die er in Florenz täglich vor Augen sah, vielleicht unbewusst, aber desto zwingender auf sich wirken lassen, als es galt das Abbild dieses gewaltigen Mannes in Israel zu schaffen[1]).

Dieses wundervolle Haupt des Evangelisten Johannes gehört schon einer fortgeschrittenen Entwicklungsphase des Künstlers an. Da die Statue erst 1415, nachdem die Dombehörde nachdrücklichst gedrängt hatte, zur Aufstellung fertig ward, so dürfen wir schliessen, dass der Kopf erst bei der letzten Vollendung die entscheidenden Charakterzüge erhalten hat. Daher die Verwandtschaft mit dem Marcus an Orsanmichele und den anderen Statuen, deren Ausführung eine Zeit lang den Arbeiten am Dome parallel geht.

---

1. Cicerone 1885, p. 351. Vgl. auch Müntz a. a. O. S. 28.

Bevor wir jedoch die Kathedrale verlassen, mag es erlaubt sein, noch ein Standbild in ihren Mauern zu betrachten, das in der Geschichte des Künstlers arge Verwirrung angerichtet hat. Es steht jetzt in einer der Nischen des Langhauses und gilt als Porträt des Poggio Bracciolini, als Kanzler der Republik. Da der berühmte Humanist nun, 1380 geboren, die grösste Zeit seines Lebens im Dienste der römischen Kurie gestanden und erst 1456 von Rom nach Florenz zurückgekehrt ist, um Staatskanzler seiner Vaterstadt zu werden, so könnte dieses Greisenbildnis nur zwischen 1456 und 1459, wo Poggio starb, von Donatello nach dem Leben gebildet sein. Die Statue müsste also zu den spätesten Arbeiten des Meisters gerechnet werden. Nun aber verweisen, wie neuerdings erst Bode hervorgehoben hat, »Auffassung, Gewandung und Behandlung, namentlich in den Händen und im Kopfe, diese Figur etwa in die gleiche Zeit wie die übrigen Statuen für den Dom und den Campanile«.

Stellen wir uns ganz unbefangen dem Kunstwerke als solchem gegenüber, ohne zu fragen, welchem Zeitgenossen des Meisters die Züge des ausgemachten Porträtkopfes gehören mögen, so können wir nur die Gestalt eines biblischen Schriftstellers, dem man eine Schriftrolle als Kennzeichen beizugeben pflegte, darin erkennen. Sie reiht sich selbstverständlich den übrigen Propheten und Evangelisten an, die für das Aeussere des Domes oder seinen Glockenturm geschaffen wurden. Ich glaube, wir haben Niemand anders vor uns, als einen Greis von der Domfassade, den Vasari an seinem ursprünglichen Standorte beschreibt. »Am selbigen Orte«, heisst es unmittelbar nach der Erwähnung des Propheten Daniel und des Evangelisten Johannes[1]), »sieht man an dem Eckpfeiler nach der Seite gegen Via del Cocomero zu einen Alten zwischen zwei Säulen stehen, der mehr als irgend ein anderes Werk Donatello's der antiken Manier ähnlich ist. In seinem Kopfe prägen sich die Gedanken aus, welche die Jahre denen beibringen, die durch Zeit und Mühen mitgenommen worden«. — Kann eine Schilderung genauer mit einem Werke übereinstimmen, das — doch wol unabhängig von Vasari's Worten? — die Bemerkung veranlasst hat, der Künstler scheine sich hier bewusst an eine antike Rednerstatue angelehnt zu haben.[2]) Und können die Gedanken des Alters über die Dinge dieser Welt, von denen Vasari redet, treffender bezeichnet werden, als wenn man findet, dieser knochige Kopf mit den tiefen Furchen, den müden Augenlidern und dem sarkastisch verzogenen Munde schäume über von Ironie.[3]) In der Tat erwähnt die Lebensbeschreibung Poggio's von Recanati noch 1715 die Statue an ihrem alten Standpunkt, am Eckpfeiler der Fassade gegen Norden zu.[4]) Und sie ist sichtlich für straffe Architekturumrahmung gedacht; hochaufragend wie eine Säule, scheint sie von diesen Nachbarn assimiliert zu sein. Ihre

---

1) Opere II, 400 f. Albertini, Memoriale: »Nella facciata dinanzi è uno Evangelista a sedere, et una statua di uno che si piegha, et insul cantone uno vecchio, tutte per mano di Donato«.

2) Cicerone, 4. Aufl. p. 340.

3) Müntz a. a. O. p. 30 f.

4) Sed Poggii gloriae statua quoque consultum est, eaque et praeterea multis Metropolitanae ecclesiae Sanctae Mariae a Flore externa facies, quae in Martellorum vias spectat, ornata est. Illic diu permansit, donec Francisco Magno Etruriae Duci veterem ecclesiae faciem in meliorem formam redigere in animo fuit anno MDLX. ... quidque olim Poggii simulacrum fuit nunc etiam in Septemtrionali parte ecclesiae, prope maximam in templum aditum conspicitur.

Schmarsow, Donatello.

Glieder heben sich nirgends zu freierer Bewegung vom Körper ab. Die Beine stehen in befangener Gleichmässigkeit dicht neben einander und sind durch eine einheitliche Gewandmasse verhüllt, die in streng symmetrischen Falten auf der einen wie auf der andern Seite herabfällt. So ist die Figur zwischen Enkel und Kniehöhe am schlankesten, erhält aber unmittelbar darauf durch vorstehende Bausche eine Ausladung wie an den Ellenbogen, um dann nach oben wieder abzunehmen. Der rechte Arm ist wie von einem weiten Aermel umgeben und greift über den Leib, die Schriftrolle fassend, deren abgewickeltes Ende von der Linken, die fast gerade herunter hängt, am Schenkel festgehalten wird. Verschlungene Schriftzeichen stehen auf diesem Blatte wie auf den Säumen der Aermel und oben an der Brust auf dem breiten Rande der Tunika. Die ganze Draperie ist überladen, hier wulstig, dort befangen, dass man sich versucht fühlt, Vasari's Ausdruck »più simile alla maniera antica che altra cosa che di Donato si possa vedere« statt mit dem Ehrentitel »antik« vielmehr mit dem Tadelsvotum »altertümlich« zu übersetzen. Nur in einzelnen Faltenzügen der oberen Hälfte verrät sich Donato's besondere Art, sonst möchte man glauben, er habe das angefangene Werk eines Zöglings gotischer Schultradition, höchstens des unfreien Bernardo Ciuffagni überarbeitend fertig gemacht, und es nur durch den unvergleichlichen Charakterkopf zu seinem Eigentum gestempelt. Sollten sogar die schwer herabhangenden Augenlider mit der weit vorgeschrittenen Arbeit des Erblassers übernommen sein?

Wenn diese Erklärung der augenfälligen Merkmale keinen Anklang findet, so bleibt wol nichts übrig, als diesen Alten für die Statue des Josua anzunehmen, die Donatello am 12. August 1412 bezahlt ward. Freilich, wie kommt Josua unter die Propheten? Wir haben doch offenbar den Verfasser einer heiligen Schrift gekennzeichnet. — Auch hier verbietet, wie das Schriftband, so die Tracht und vor Allem das Greisenalter eine solche Benennung.[1]) Und wir kämen aus dem Dilemma nur heraus, wenn die Conjectur gestattet wäre, dass in den Akten der Domopera ein Versehen des Schreibers (wenn nicht des Abschreibers) vorläge, d. h. wenn statt IOSua's vielmehr IOB gemeint wäre, dem der Charakter des Kopfes trefflich entspräche.

Jedenfalls aber ist von der Ausführung dieses Kopfes zu sagen, dass er nicht ohne Aehnlichkeit mit dem Petrus an Orsanmichele, andrerseits in der Behandlung doch schon sehr an die Propheten des Campanile streift. Im Typus, auch im Ausdruck der Mundpartie darf man ihn sogar schon dem Bildnis des Niccolò da Uzzano vergleichen.

---

[1] Uebrigens arbeitet 1415—17 Bernardo Ciuffagni an einem Josua für den Campanile (siehe bei Semper, Regesten No. 11 ff. und es ist nicht wahrscheinlich, dass die Dargestellten an Domfassade und Campanile zweimal vorkamen! Ja, ich glaube sogar, dass die älteren Figuren des David und Salomo von der Vorderseite des Campanile deshalb weggenommen wurden, weil man diese königlichen Propheten an der Domfassade haben wollte.

II

Die Statuen an Orsanmichele

Zu den Statuen an Orsanmichele, die wie gesagt eine Zeit lang neben diesen für den Dom gearbeiteten einher gehen, leitet ein Werk völlig anderen Charakters über, das hier eingeschaltet werden muss, obgleich man mittlerweile gewohnt ist, es als ersten Jugendversuch an den Anfang gestellt zu sehen. Ich meine die Verkündigung in Sta. Croce.

Es ist ein Hochrelief aus fiesolanischem Sandstein in einem Tabernakel des rechten Seitenschiffes. Die Familie der Cavalcanti hat es gestiftet, möglicherweise durch den Sieg über Pisa im Jahre 1406 veranlasst, wo Bernardo Cavalcanti einer der drei Kommissäre der Republik war. Doch ergiebt diese Annahme keinen sicheren Termin der Entstehungszeit. Stilistisch aber gehört diese malerische Arbeit in Hochrelief mit den ersten Statuen für Orsanmichele zusammen.

Das Tabernakel ist in der naiven Unbefangenheit der Frührenaissance frischweg aus lauter antikisierenden Ziermotiven zusammengesetzt. Ueberreich in allen Teilen ornamentiert, macht es doch nicht den Eindruck des Ueberladenen, sondern bewahrt die heitere Anmut, die den ersten Versuchen des Quattrocento eigen ist. Selbst die Basen der Pilaster sind aus Voluten und Löwenfüssen, die Kapitäle aus Masken gebildet, und am Sockelgesims breiten sich wundervoll gearbeitete Fittige neben einem Lorbeerkranz aus, der in dem Steinmaterial gar nicht prächtiger sein könnte. Auch die Hinterwand der Nische ist in vier ornamentierte Felder geteilt, und der Sitz der Madonna mit kunstreicher Rücklehne geschmückt.

Maria, von dem unerwarteten Gast im Lesen aufgestört, weicht zur Seite, indem sie mit der Linken das Buch an den Leib drückt. Aber die bezaubernden Worte des Engels lenken ihre Bewegung um, und statt zu fliehen wendet sie freundlich das Haupt zu ihm, legt die Hand demütig aufs Herz und lauscht seiner Botschaft. Es wohnt ein unaussprechlicher Reiz in dieser lebendigen doppelseitigen Bewegung. Und leidet auch der einheitliche Zug der Gewandung, deren Falten hier gerade herabfallen, dort den Formen und Biegungen des Körpers folgen, so überwiegt doch die Anmut der Haltung und die liebliche Schönheit des Kopfes, in dessen Zügen beseligende Freude strahlt.

Der Engel ist herzugeschwebt und eben im Begriff ein Knie zu beugen vor der Auserwählten, der seine Botschaft gilt. Der eine Arm greift quer über den Schofs um nah am Leibe anliegend das lange Gewand zu fassen, das ihn am Knieen hindert, während die Rechte ebenso wenig vorgestreckt die entscheidenden Worte begleitet. Kopf und Hals heben sich der Jungfrau entgegen, wie das sonnige Antlitz voll Eifer und Entzücken; denn er segnet mit Inbrunst ihren Leib.

Die etwas allgemeine Schönheit dieses Gabriel ist dem Engel im Opfer Abrahams, jenem Konkurrenz-Relief von Brunellesco nah verwandt. Dagegen weist das fliessende Gewand, das von der Rundung des vortretenden Beines niederströmt, — und ebenso Einzelheiten am Kleide der Jungfrau — mit keinem Werke so viel Uebereinstimmung auf, wie mit der Mariengloric des Nanni d'Antonio di Banco an jenem Domportal, das nach ihr den Namen della Mandorla führt.[1] Dieses Meisterstück des Nanni entstand aber erst in den Jahren 1414—1421 und war nicht einmal ganz vollendet, als der Genosse Donatello's, mit dem er auch an Orsanmichele zusammen gearbeitet, darüber wegstarb.[2] Es wäre wichtig zu erfahren, ob Donatello's Verkündigung wirklich früher entstand; aber unsere urkundlichen Nachrichten beweisen gar nichts. Und die beiden Paare guirlandentragender Putten auf dem Gesimse, denen sich ursprünglich ein drittes auf der Höhe des Giebelbogens mit den herabhangenden Festons anschloss, sind so vollendet naturwahr in köstlicher Lebensfrische gegeben, dass sie mit den Idealtypen drunten beinahe kontrastieren. Erscheint auch nach der neuesten sorgfältigen Reinigung der Kopf Marias ihnen näher verwandt, als bei der früheren Ueberschmierung, so sind die geflügelten Bübchen im durchsichtigen Hemd so unmittelbar der Wirklichkeit abgelauscht, dass die Arbeit in Terracotta, welche die geistreichen Züge der Meisterhand empfänglicher aufnimmt, durch die technischen Vorteile den grossen Unterschied von der Steinarbeit doch nicht ausreichend erklärt.

Dagegen leitet uns gerade die malerische Gewandbehandlung des Hochreliefs zu den Statuen an Orsanmichele, und zwar zunächst auf den Apostel Petrus, dessen Entstehungszeit ebenfalls nicht überliefert ist. S. Petrus gilt für den frühesten Beitrag Donatello's zum Schmuck dieser Kirche; doch eben diese Statue hat etwas Malerisches, Farbiges in der Behandlungsweise, besonders der Kopf sieht aus wie in Terracotta gearbeitet. Der Körper steht ziemlich ruhig da. Das rechte Bein tritt etwas zurück, auf ihm lastet die Schwere; der gebogene Arm, mit dem Schlussel in der Hand, legt sich an den Schenkel an. Die Linke, mit dem Mantel drapiert, lehnt ein Buch an den Leib; das Bein ist vorgeschoben und hebt sich frei heraus. Weiche, tiefgefurchte Mantelfalten fliessen von der linken Schulter in schräger Richtung auf den rechten Fuss herab und hängen wie aus feuchtem Stoff, der sich glatt über vortretende Formen zieht, schwer hernieder. Der Saum ist wie beim Mantel der Annunziata in Sta. Croce gekräuselt, und teilt somit eine Eigentümlichkeit, die ausser Donatello nur Nanni di Banco an seinen gleichzeitigen Statuen für Orsanmichele wie an der Madonna della Cintola noch aufweist. Es ist für Donatello sogar eine vorübergehende Mode, die nach dem Marcus von 1411 und dem marmornen David im Bargello wieder verschwindet, — also wol nichts als ein äusserliches Zeichen der engen Gemeinschaft mit dem eifrig strebenden Genossen, von dessen Eigenart auch das sonstige Verfahren in dieser Zeit so deutliche Einwirkung erkennen lässt. Mit Hülfe der ganz besonderen Behandlung, welche die Kleinarbeit des Thonmodells möglichst getreu auf den Marmor überträgt, die Vorsprünge des Knochengerüstes, die Unregelmässigkeiten der Flächen, den lockeren Zusammenhang der Haarpartieen wiederzugeben sucht, mit dieser

---

1 Vgl. hierzu Burckhardt-Bode, Cicerone.

2 Die beiden obersten Engelfiguren, der pausbackige Flötenbläser mit nackten Beinen und der Dudelsackpfeifer, sind nicht von ihm vollendet. Der Kopf des Ersteren deutet auf Buggiano. Ja, ich kann die Vermutung nicht unterdrücken, dass wir in den Engeln, welche seitwärts die Mandorla halten, Jugendarbeiten des Luca della Robbia als Gehülfen Nanni's zu erkennen haben.

eingehenden Individualisierung ist hier eine neue packende Wirkung erreicht, gegen welche die Schwächen der Figur als Standbild zurücktreten.

Dagegen gewinnt Donatello die volle Sicherheit seiner statuarischen Kunst beim S. Marcus wieder, der ihm im April 1411 von der Leineweberzunft aufgetragen war und zum November 1412 vollendet sein sollte. Er hat noch manchen verwandtschaftlichen Zug mit dem Petrus gemein, führt aber im Ganzen auf die Bahn zurück, die wir mit dem Evangelisten Johannes verlassen hatten.

Wuchtig steht die breitschultrige Männerfigur auf dem rechten Beine, dessen straffe Haltung durch das geradefallende Gewand noch unterstützt wird. Ruhig sinkt auch der Arm, wie der eignen Schwere folgend am Leibe herab, und die Hand fasst nur wie spielend den Mantelsaum. Die ganze linke Seite jedoch legt sich energisch heraus. Der Arm, vom Mantel reich umhüllt, greift vom Ellenbogen ab in runder Bewegung vor und hält so, zwischen Vorderarm und Hand, das aufgeschlagene Evangelienbuch, das schräg dagegen lehnt. Es stützt sich auf den Schenkel des vorschreitend erhobenen Beines, das etwas auswärts tretend unter den einfach natürlichen Falten der Mantelhülle erkennbar bleibt. Nach links hin wendet sich auch das imposante Haupt des Apostels, das der schrägen Wendung des Leibes entsprechend vorschaut. Es ist die vollendete Durchbildung eines Charakterkopfes, den Brunellesco schon seinem Abraham, wie später einem oder dem andern Evangelisten in der Pazzikapelle zu geben versucht hat. Die breite Stirn mit den starken Brauen auf den vorgewölbten Augenhöhlen, die kräftige aber feingebogene Nase und der wallende Vollbart um den festgeschlossenen Mund bestimmen im Wesentlichen die Züge des Patriarchen, der tiefernsten Blickes, doch mit menschenfreundlicher Milde dreinschaut. »Wenn solch' ein Biedermann ein Evangelium schreibt, da muss man's schon glauben«, soll Michelangelo von ihm gesagt haben.

Die Modellierung dieses Kopfes ist meisterhaft, Licht- und Schattenpartieen wirksam gegen einander gesetzt, und das lange Gelock des Bartes vortrefflich gegliedert. Die mächtigen Hände sind schon weit charaktervoller als beim Johannes und die frei sichtbaren Füsse nicht minder durchgearbeitet. Die ganze Gestalt aber ist mit ungemeiner Sicherheit für den Standort berechnet, wie schon der sitzende Evangelist seine Bestimmung für eine hohe Stelle an der Domfassade verriet. Vasari erzählt denn auch gerade von diesem Marcus die ergötzliche Anekdote, dass die Leineweber im Atelier Donatello's die Statue gesehen und mit dem Eindruck, den sie dort machte, so unzufrieden waren, dass sie die Aufstellung nicht zugeben wollten. Donatello erlangte die Erlaubnis sie an ihren Bestimmungsort zu schaffen, um dort noch daran zu ändern, tat dann so, als ob er hinter dem Bretterverschlag eifrig beschäftigt sei, ohne wirklich etwas zu machen, und riss bei der Enthüllung allesamt zur Bewunderung hin. Diese Berechnung seiner Werke für den Standort, von dem aus sie wirken sollten, war nur möglich durch die Kenntnis der perspektivischen Gesetze, welche gerade damals Filippo Brunellesco der strebsamen Künstlergeneration erschloss. So ist es nicht so unrichtig, wie man wol geglaubt hat, wenn die Tradition uns überliefert, Brunellesco habe bei diesen Statuen seines Freundes an Orsanmichele die Hand mit im Spiele gehabt. Damit ist aber zugleich ein wichtiger Faktor bezeichnet, der gerade in diesen Jahren von 1410—1415 in Anschlag gebracht werden muss, weil er die weitere Entwicklung des Bildhauers bestimmt.

Drei Jünglingsgestalten treten uns nun wie Söhne eines Stammes entgegen: der David im Bargello, der hl. Georg an Orsanmichele und Johannes der Täufer am Campanile. Der Erste greift seiner Anlage nach in die Frühzeit des Meisters zurück, der Zweite bezeichnet einen Höhepunkt seines Schaffens in herrlicher Vollkommenheit, der Dritte bildet bereits den Uebergang zur folgenden Phase seines Stiles.

Der David im Museo Nazionale wurde schon am 20. Februar 1408 von der Domopera bestellt, um einen Strebepfeiler der Nebentribuna zu schmücken. Er hat in seiner Stellung noch auffallende Aehnlichkeit mit dem knabenhaften Prophetenfigürchen an der Porta della Mandorla. Das linke Bein, auf dem die Last des Körpers ruht, ist ebenso etwas zurücktretend entblösst, während das rechte, etwas nach auswärts vorgestreckt, vom Mantel grösstenteils bedeckt wird. Aber dieses gespreizte Auftreten ist besser motiviert; denn zu den Füssen des Siegers liegt der abgeschlagene Kopf des Goliath mit dem tief eingedrungenen Kieselstein in seiner Stirn, und die gefüllte Schleuder, nur lässig am Bande gehalten, hängt auf das üppige Haargelock des Toten herab. Im Begriff über den glücklich niedergestreckten Feind hinweg zu steigen, hält er einen Augenblick inne; denn das Bewusstsein der vollbrachten Tat steigt in ihm auf und schwellt ihm mächtig die junge Seele. Aus dem kühnen Hirtenbuben wird der jubelnde Triumphator. Hochklopfenden Herzens wirft er sich in die Brust; der rechte Arm lehnt ausruhend auf dem Schenkel, während die Linke weit ausgebogen sich in die Seite stemmt und mit der Hand, deren Vorderfinger sich ausstrecken, die beiden Enden des Mantels zusammengreift. Dieses schmale Stück Tuch, dessen Zipfel auf der Brust durcheinander geschlungen sind, ist oben über die Schultern gehängt, unten zum grösseren Teil quer über den Leib gezogen, und drapiert so leicht und natürlich die ganze Figur. —

Das plastische Gefühl des Bildners ist zum ersten Mal frei zum Durchbruch gekommen, da die Gelegenheit sich darbot. Was der kecke Knabe am Domportal noch schüchtern offenbart, die Freude an der menschlichen Leibesschönheit tritt mutig heraus und entfaltet alle Formen um ihrer selbst willen. Während die Beine ganz unbekleidet sind, wird der Oberkörper von einem Lederwams umschlossen, das, aus wenigen Stücken zusammengenäht, wie angegossen auf der Haut sitzt. So stellt sich die echt florentinische Jünglingsgestalt in ihrem schlanken Wuchs und der eigentümlichen, etwas eckigen Anmut lebendig und herzgewinnend dar, und der jugendfrische Kopf auf dem langen schöngerundeten Halse vollendet diesen Charakter. Das wellige, kurzgelockte Haar liegt fest umspannt unter einem Epheukranz, dessen Blätter mit einer Knospendolde in der Mitte auf die Stirn fallen. Die hochgezogenen Brauen, die munter vorspringende Nase und die zugespitzte Oberlippe geben dem kindlichen Oval des Gesichtes ein verwegenes Aussehen. Es ist wieder der scharfe florentinische Zug, der dem ganzen Geiste des damaligen Volkes entspricht. Die herausfordernde Haltung und Miene des bewusst Ueberlegenen wird aber durch die Schönheit jugendlicher Tatenlust und elastischer Spannkraft so liebenswürdig, dass wir die ganze Erscheinung, trotz unleugbarer

Härten und Fehler, nur um so freudiger geniessen, je öfter wir zu ihr zurückkehren. Die technische Behandlung des Marmors ist besonders an dem Haupte des Riesen mit dem flutenden Haar, in dem enganliegenden Wams des Jünglings und in dessen Kopf so geschmeidig, dass sie schon volle Meisterschaft bezeugt. Nur die Augen sind wie bei den frühesten Jugendwerken allein, beim Daniel im Dom, in der Verkündigung von Sta. Croce und beim Petrus an Orsanmichele, noch nicht mit eingegrabener Iris und Pupille versehen, die wir hingegen am Evangelisten Johannes, am Marcus, ja bei den Terracottafiguren über der Annunziata schon ebenso wie an den folgenden Arbeiten bemerken. Sonst erkennt man überall, dass die letzte Hand erst 1416 angelegt ward, als Donatello das Werk, das offenbar sein Liebling geworden, an die Domopera fertig übergab. Die Statue fand denn auch solchen Beifall, dass die Prioren der Zünfte mit dem Gonfalonier an der Spitze den Befehl gaben, das Standbild an das Stadthaus abzutreten. Donatello selbst mit seinen Schülern musste es in dem Uhrsaal des Palazzo vecchio aufstellen und feilte daran noch einen Monat lang, dem neuen Standort zu entsprechen.

Dieser David im Bargello erscheint jedoch nur als Vorstufe, als unvollkommenes Uebungsstück, sobald wir den heiligen Georg an Orsanmichele, das Meisterwerk des dreissigjährigen Künstlers ins Auge fassen. Er ist unstreitig die schönste Statue, die Donatello überhaupt geschaffen hat, und wurde das Entzücken der ganzen Künstlerwelt, der mitlebenden wie der nachfolgenden Generation.

Der ritterliche Held steht in schlichter Einfachheit da. Die Beine sind, seitwärts ausschreitend, von einander gerückt und geben so seinem Auftreten Elasticität und sichere Wucht zugleich. Die linke Hand ruht wie spielend auf dem grossen sechseckigen Schild mit dem Kreuz darauf, der vor ihm steht, während der rechte Arm herunterhängend mit halbgeballter Faust ebenso leicht den Rand der Wehr berührt. Bis auf die Hände, Hals und Haupt ist er ganz gepanzert; nur ein schmaler Tuchmantel ist um die Schultern geschlungen, vorn zusammengeknotet und fällt über den linken Oberarm in wenigen wirksamen Falten schräg nach hinten, bis an den rechten Fuss hinab. So bleibt der Oberkörper fast völlig sichtbar und der schützende Harnisch versteckt keine Form, sondern steigert nur den Eindruck der breiten Brust und der muskelkräftigen Glieder. Ganz frei hebt sich der lange wolgeformte Hals, diese Zierde des italienischen Jünglings, heraus und trägt aufrecht den jugendlichen Kopf. Es ist dasselbe Modell — möchte man glauben — wie der David; aber voller entwickelt, männlicher in Allem, besonders im Ausdruck des ovalen Angesichts weit edler und wunderbar lebendig. Es ist nicht mehr die kecke Verwegenheit, welche die Gefahr ahnungslos und vertrauensselig übersieht, nicht die Siegesfreude eines unreifen Burschen, den schneller Erfolg berauscht, sondern ritterliche Unerschrockenheit, die dem drohenden Kampf mit ernster Spannung entgegenschaut, nicht frech herausfordernd, aber des Angriffs gewärtig, zum Einschreiten gegen jede Unbill bereit, in fester Zuversicht auf die eigene wolgeübte Kraft und das Recht der hohen Sache, die er verficht. Die Augen des mutigen Streiters blicken unter zusammengezogenen Brauen scharf beobachtend heraus; aber in den schönen Zügen leuchtet die heitere Jugendfrische, in dem ganzen Leibe wohnt ein lebhaftes Wesen, eine solche Elasticität der drallen Muskulatur, als müsse sichs regen und bewegen in dem harten Stein.

Am Sockel der Nische, die Donatello für seine Statue selbst anordnen durfte,[1]) finden wir ein frühes Beispiel seiner zartesten Behandlung des Reliefs. Wie ein Predellenbildchen unter der Figur eines Heiligen in den Altartafeln jener Zeit erzählt dieser länglich schmale Fries eine Geschichte aus dem Leben S. Georgs: den Kampf mit dem Drachen. In der Mitte des Marmorstreifens sprengt der ritterliche Held auf seinem Streitross nach links hinein, wo das geflügelte Untier sich ihm entgegen wendet. Mit flatterndem Mantel beugt sich der Reiter zur Seite und durchbohrt mit der Lanze das fauchende Scheusal, während zur Rechten eine schöne Frauengestalt erscheint, die Tochter des Königs von Kappadokien, die der heilige Helfer errettet. In griechischem Gewande, das die Formen des Körpers nur leicht verhüllt, steht sie haltlos da, als wollte sie zitternd in die Knie sinken; aber sie ringt die Hände im brünstigen Gebet und folgt mit den Blicken dem Ausgang des Kampfes.

Der klassische Kopf verrät wie die Kleidung ein glückliches Studium der Antike, während die Haltung des Beines noch stark an den Daniel im Dom erinnert. »Die Harmonie der Linien, die Leichtigkeit und Zartheit der Modellierung, die Schönheit der Gestalten und die Lebendigkeit der Handlung berechtigen dies winzige Meisterwerk, sich mit den vollendetsten Leistungen des griechischen Meissels zu vergleichen. Es ist nicht weniger Stil, nicht weniger Schwung darin,« urteilt ein feiner Kenner der Antike wie Eugen Müntz. Und doch ist ein Unterschied vorhanden, der uns nicht entgehen darf. Dies feine Flachrelief des florentinischen Künstlers ist völlig malerisch gedacht, ganz unbekümmert um hellenischen Reliefstil, aber auch abweichend von der heimischen Tradition. Es ist das erste Beispiel der Anwendung bildmässiger Perspektive auf die Flächenskulptur. Noch schüchtern und unsicher tritt das neue Wollen hervor, das uns beim Freunde Brunellesco's nicht überraschen kann. Die Vorhalle rechts mit ihren Pfeilerarkaden ist noch nicht ganz gelungen, aber überall sind die Pläne markiert, auch die Drachenhöhle links wie die Landschaft im Hintergrund perspektivisch behandelt. Selbst der Mafsstab der Figuren, die ziemlich locker und ringsum frei in der Mitte der Bildfläche sitzen, erklärt sich aus dieser Auffassung des Vorgangs. Masaccio hätte die Scene auf einer Predella nicht anders komponiert. Das ist wichtig im Jahre 1415, besonders für den Vergleich mit Lorenzo Ghiberti und seine Handhabung des Reliefs an der nördlichen Bronzethür des Baptisteriums. Nicht ohne Grund erscheint der Meister in den Urkunden jener Jahre als »Donatus pictor«, wo er Marmorarbeiten liefert, und nicht ohne Grund fühlte sich ein Maler wie Raphael so unmittelbar durch dies Reliefbild angeregt.

Indess das reizende Marmorgemälde darf uns nicht ablenken von der hohen Bedeutung der Statue selbst. Standen doch diese perspektivischen Anwandlungen des Bildhauers in engstem Zusammenhang mit seinen Studien über die Wirkung der Freifiguren, mit der Abwägung ihrer Mafsverhältnisse wie ihrer Durchführung nach der Stellung des Beschauers. — In diesem Standbild ist nichts von spezifisch

---

1) Der florentinische Künstlerverein will zur Jubelfeier die Statue in ihre ursprüngliche Nische zurückversetzen, da sie gegenwärtig in dem viel zu grossen Tabernakel allzusehr an ihrer Wirkung einbüsst.

malerischem Wesen; die Lösung wird rein mit den Mitteln statuarischer Kunst erreicht. Verrät uns die griechische Prinzessin am Sockelstreif, dass Donatello sich gerade damals der antiken Schönheit liebevoll hingegeben, so offenbart auch keine seiner Statuen ein so volles ganzes Verständnis der Antike wie dieser heilige Georg. Keine Spur von Nachahmung, keine Anlehnung an ein bestimmtes Vorbild, aber desto mehr von dem Geist der wahren Kunst, von dem innersten Wesen plastischer Empfindung. Nicht einmal von einer glücklichen Vereinbarung zwischen antiken und modernen Prinzipien sollte die Rede sein; denn es ist nicht absichtsvoll ausgeglichen und bewusst vereinbart, wie spätere Zeiten das erstrebt haben. Donatello's Schöpfung ist naiv und kerngesund, durchaus original; es ist die schlichte Einfachheit seiner eigenen Natur, die geniale Unbefangenheit seines Denkens, die unbeirrte Freiheit seines Blickes, welche hier ihren schönsten Triumph gefeiert hat. Wahr und lauter vom Scheitel bis zur Sohle, wie der Künstler selbst, ist auch dieses Kind seiner Phantasie, und eben das sichert ihm den Beifall für alle Zeit, das übt auch auf unsere Gemüter den unbeschreiblichen Zauber aus.

III

Die Gestalten am Campanile

Um so mehr überrascht uns der Umschwung unmittelbar nach solchem Hohepunkt. Der durchschlagende Erfolg, den sein Marcus, sein David und sein Ritter Georg ihm eintragen mussten, die laute Zustimmung der empfänglichen Florentiner, aber auch der Antrieb zu neuen Fortschritten, den das Urteil der Mitbürger wie der Wetteifer der Kunstgenossen hervorrief, mögen Donatello gedrängt haben, schnell und entschieden einen andern Weg einzuschlagen. Ein Blick auf Johannes den Täufer, der in der Auffassung des Kopfes noch so viel Verwandtschaft mit den früheren Werken zeigt, dass man gewohnt ist, ihn mit den Jünglingstypen, die wir soeben betrachtet, zusammenzustellen, — ein Blick auf die Unterschiede der Behandlung belehrt uns, dass der Meister abschwenkt und völlig andre Wirkungen anstrebt. Vergleicht man diesen Täufer am Glockenturm mit dem Ritter an Orsanmichele, so erscheint dieser letztere wie die Verkörperung eines Jugendideales, durchdrungen von einer hohen ethischen Ueberzeugung; dagegen verraten sich in dieser neuen Gestalt die Anwandlungen eines Mannes, der das Leben kennt, der das Dichten und Trachten der Menschen niedriger gefunden hat als er einst geträumt, und im Vertrauen auf die eigene Stärke die Wirklichkeit zu erfassen wagt, wie sie ist, mit fester Hand ins volle Treiben hineingreift und das wahre Wesen zu packen sucht, wie es sich entgegendrängt. Nicht mehr die reine Schönheit zieht ihn zu sich hinan, sondern der Charakter fesselt ihn, das ganz Besondere wird das Ziel, dem er nachjagt. Nur was die tägliche Umgebung immer und überall bietet, scheint das wirklich Wahre, das Zuverlässige und Erreichbare.

Nicht die vollgerundete Erscheinung, die auf sich beruhende Kraft sucht er nunmehr in ihrem bleibenden Wert zu fassen, sondern die vorübergehende Bewegung, die wechselnde Gebärde greift er auf, und prägt im Antlitz wie in allen Gliedern des menschlichen Leibes die Eigenart des Individuums, ja des Augenblicks Erregung aus. Es ist eine zufällige Stimmung in diesen Gestalten, die er nun vorführt, welche den Schwerpunkt des Wesens ins Schwanken bringt und das Gleichgewicht, das wir im monumentalen Dasein fordern, stört. Sie haben etwas Wandelbares, das uns nötigt, sie in Zusammenhang mit dieser oder jener menschlichen Umgebung zu denken, d. h. etwas Malerisches, das unsre Phantasie poetisch beschäftigt, und eine Enttäuschung verursacht, wenn sie nach alledem noch ebenso dastehen wie zuvor.

Dieser Täufer schreitet aus der Tiefe hervor, als wandelte er auf einem weiteren Felde, als ihm tatsächlich gegeben ist, und tritt, wie seine Gebärde verrät, in Beziehung zu Menschen, die er vor sich sieht, ohne dass sie da wären. Sein Kopf wendet sich herum und seine Blicke gehen in seitliche Richtung. Was er schaut aber veranlasst die Bewegung seiner Arme: er entrollt das Schriftblatt mit dem »Ecce Agnus Dei«. Erst diese Worte geben anheim, dass er Christus erblickt, der gerade vorübergeht.

Betrachten wir darnach die Behandlungsweise, so fällt die ungezwungenste Natürlichkeit in der Bewegung, die schlichteste Bekleidung und ungeschminkte Wirklichkeitstreue in der Wiedergabe des Nackten auf. Alles ist um einen Grad derber, gewöhnlicher und individueller als bei den früheren Arbeiten. Die sichere Herrschaft über die menschlichen Formen ist allerdings gesteigert, aber auch das bewusste Ausgehen auf die Hervorhebung des Wirksamen. Die Wahl des Kostüms mag hier noch durch den Gedanken an den Wüstenprediger motiviert sein: er trägt nur einen hemdartigen Kittel und ein Manteltuch, dessen Enden auf primitive Art über der Brust zusammenhängen.

Giebt Donatello schon hier als Johannes Baptista ein ganz bestimmtes Modell wieder, so steigert sich diese Metamorphose biblischer Idealtypen in echte Charaktere noch mehr bei den folgenden Statuen am Glockenturm. Der ruhigste und zahmste ist der sogenannte Habakuk an der Ostseite des Turmes, den man irrtümlicher Weise für den spätesten erklärt hat und ins Jahr 1435 verlegen will. Er steht einerseits in der Behandlung des Kostüms und der Hände dem Johannes am nächsten, und weist andrerseits in der Haltung dieser Hände, die schräg über den Leib hin das Schriftband entrollen, sogar zurück auf das vermeintliche Standbild des Poggio Bracciolini, wo dasselbe Motiv nur noch nebensächlicher behandelt ist. Nichts mehr von der selbstbewussten Stellung einer kraftvollen Persönlichkeit. Hier kommt ein Greis in der Gebrechlichkeit seines Leibes auf schrägem Pfade daher gestiegen. Mit den Füssen weiter tastend scheint er inne zu halten; denn die linke Hüfte schiebt sich herauf, und die Falten des langen Gewandes fallen fast ungehindert vor die Zehen herab; er müsste es erst aufraffen, um vorwärts zu treten. Ueber den schmalen Schultern und dem müden Nacken sitzt aber auf starkem Hals ein Denkerkopf, der im Verein mit den wuchtigen Händen eine imposante Wirkung macht. Nur wenig Haare bedecken noch das Hinterhaupt; die breite Stirn ist gefurcht, die Augen blicken etwas öde nieder, von den Nasenflügeln läuft eine scharfe Linie in die Wange hinein und giebt mit dem breiten

Munde, dessen Lippen fest geschlossen sind, dem bartlosen Antlitz einen murrischen Ausdruck.

Die Gruppe »Abraham und Isaak« tritt nicht allein dieser Zweizahl von Figuren und der bestimmten Handlung wegen aus der Reihe der übrigen Gestalten heraus, sondern das schnell vollendete Werk, das urkundlich zwischen Mai und November 1421 entstand, ist eine gemeinsame Arbeit Donatello's und seines Ateliergenossen Nanni di Bartolo il Rosso, bei welcher beide Meister beinahe gleichberechtigt auftreten. Die energische Haltung Abrahams, der einen Fuss auf den Holzstoss setzend, in der Rechten das Messer, in der Linken den Haarschopf seines Sohnes hält und zum Himmel emporschaut; die geschickte Anordnung des nackten Isaak, der mit rückwärts gebundenen Armen ein Knie beugt; den Kontrast zwischen dem straffen Willen des Alten und der schmiegsamen Gefügigkeit des Knaben, zwischen der nackten Jugendschönheit und dem gewaltigen Charakter des Patriarchen: d. h. die Erfindung der Gruppe dürfen wir auf Donatello's Rechnung setzen. Von der Ausführung aber dürfte ihm wenig mehr als der Kopf Abrahams und der nackte Leib des Sohnes gehören. Der Knabe ist in wundervoller Naturtreue nach dem Leben gearbeitet, und die grossartigen Züge des Erzvaters mit dem flutenden Vollbart haben sichtlich beim Moses Michelangelo's mitgewirkt. Dagegen stimmen die Züge des Isaak mehr mit Rosso's Propheten Abdias an der Westseite (1422) überein, und auch die Hände und Füsse wie das Gewand stehen seiner Behandlungsweise näher. Seine härtere Arbeit zeigt an dieser Ostseite ferner der Alte, der die Hand emporhält und den ausgestreckten Zeigefinger an die Wange legt. dem Donatello's Meisterhand nur das sprechende Leben des Kopfes mitgeteilt haben dürfte, und endlich der Nebenmann des Habakuk (mit den abgebrochenen Fingern) auf der andern Seite des Fensters. Jedenfalls rühren diese beiden Figuren mit ihren scharfen Kanten und Parallelfalten ursprünglich von Bernardo Ciuffagni her, und die Eine ist offenbar der 1415 von diesem begonnene, 1417 unfertig zurückgelassene Josua. der 1421 Donatello und Rosso zur Vollendung übertragen ward.

Ein ganz andrer Geist waltet in den beiden letzten Propheten, die wieder sein eigenstes Eigentum sind. Sie werden fälschlich nach den Namen am Sockel als David und Salomon bezeichnet. Die Untersätze sind, wie die Profilierung beweist, älteren Datums, zugleich mit den Nischen entstanden und gehören zu gotischen Statuen, deren Zeit auch die Schriftzüge »David Rex« und »Salomon Rex« entsprechen, d. h. zu den beiden Königen, die jetzt an der Südseite stehen, wie ihre Gefährtinnen die »Sibilla Erithea« und »Tibertina«. Alle vier machten damals den Propheten Platz, die zur Ergänzung der am Dome dargestellten an dieser Fassadenseite angebracht wurden. Johannes von Donatello, Abdias von Rosso sind bezeichnet; von diesen beiden Andern trägt der Eine auf seinem Schriftblatt den Namen »Geremia«, während der vermeintliche David nicht näher bestimmt, doch gewiss nichts mit dem Psalmisten zu tun hat. Er spottet der wolgemeinten Bemühung den reuigen König in ihm zu sehen. Das florentinische Volk hat ihn längst mit dem Spitznamen »lo Zuccone«, der Kürbiskopf, belegt, und unter diesem Titel soll Donatello selbst auf ihn geschworen haben.

Es ist, wie Vasari erzählt, das Porträt des Giovanni di Barduccio Cherichino, den der Bildhauer in die biblische Tracht gesteckt. Auch diese freilich ist so zurecht gemacht, wie er sie für seine Absichten wünschte. Eine ärmellose Tunika hängt von den Schultern herab, nur durch einen Gürtel abgebunden, und lässt die nackten Arme wie die Büste frei. Aber ein Mantel aus schwerem Stoff ist über die linke Achsel gelegt und fällt in tiefgefurchten bauschigen Falten, einen weiten Bogen an seiner Rechten bildend, nach vorn herunter. Der rechte Fuss tritt vor, der linke wird nachgezogen; die nackten Arme hängen am Leibe herab und finden nur zufälligen Halt, als ob er beide Hände in die Taschen schöbe. Der Nacken ist leise vorgebeugt, so dass der kahle Schädel voll von der Sonne beschienen wird. Die geräumige Stirn lastet über dem hohlwangigen Antlitz, dessen lange Nase, tiefe Augenhöhlen und grosser Mund doch energisch genug dagegen aufkommen. Es ist eine abstossende Physiognomie, deren mächtige Züge sich doch unabweislich einprägen. Dazu kommt die erstaunliche Wirklichkeitstreue der Ausführung: »die glatte, wie sonnenverbrannte Hautoberfläche, die klebrigen Lippen und der spärliche Bartflaum; diese langen muskulösen Arme, die, mit schreiender Wahrheit modelliert, bis in die Aderzüge hinein mit der Natur wetteifern«.

Noch mehr Galgenphysiognomie als der Zuccone ist der Nachbar, in dem wir den Propheten Jeremias erkennen sollen. Es ist, als habe Donatello, wie berauscht von solcher Freiheit des Schaffens, noch eine letzte äusserste Steigerung versucht und dieses Bravourstück des Naturalismus geschaffen. Der Kopf soll angeblich die Züge des Francesco Soderini tragen; aber wer würde, ohne Vasari's Behauptung, nicht meinen, dieser Kerl sei ein Bettler aus den Strassen von Florenz, oder gar ein Strolch, den der Künstler sich aufgegriffen. Denn es ist ein unschöner, verwahrloster Körper, der uns nackt, nur mit einem Manteltuch über die Achsel geschlagen, entgegentritt wie zum Schreck. Alter und schlechte Ernährung haben die Muskeln erschlafft, die Schultern hängen, und die Beine sind abgemagert; er schreitet unsicher, haltlos einher, wie im Fieber. Donatello freilich macht uns glauben, dass es Gedanken sind, die ihn umtreiben. Er hält ein Schriftblatt auf der erhobenen Linken, als hätte er gelesen, und die Züge, in denen wir zuerst einen Uebeltäter erblickt, sind nachdenklich, wunderbar belebt. Die Augen blicken traurig, tief melancholisch in Vorstellungen, die dem Seherblick vorschweben, wie nach innen gewendet, und der breite Mund verzieht sich zu so bitterem Ausdruck, dass selbst die Kinnbacken mit dem Stoppelbart eine sprechende Miene annehmen, als gehörten sie zum Wesen dieses seltsamen Mannes. Es ist eine wunderlich ergreifende Erscheinung, dieser Prophet mit seinen Klageliedern, der so die Einöde durchwandern könnte, aber mitten im verständigen Tagewerk der Stadt wie ein Philosoph aus dem Irrenhaus dasteht. — Der Kahlkopf an seiner Seite ist ein hochaufgeschossener Recke; sein zügelloser Wille hat die Körperkraft gebrochen, und die Reue fesselt seinen Blick an den Boden. Dieser Nachtwandler dagegen ist ein tief empfindender Gemütsmensch, den der Untergang seiner eigenen Welt unheilbar betroffen hat.

Und Donatello war sich bewusst, was er in diesen beiden Individuen geschaffen; denn er hat sie stolz mit seinem Namen bezeichnet. Dieser Jeremias aber erweist sich darin als die letzte der Statuen am Glockenturm[1]), weil die malerische Freiheit hier jede Rücksicht auf die traditionellen Gesetze der statuarischen Kunst aus den Augen lässt. Die naturalistische Wiedergabe des zufälligen Modells grenzt bereits an Routine; die Virtuosität der Mache verleitet den siegesfrohen Meister, seine Herrschaft über das Material mit brutaler Schroffheit auszuüben. Der Beschauer soll erstarren vor diesem terriblen Wunder seines Könnens. Die Behandlung der Draperie verrät ausserdem hier und da den Einfluss weicherer Arbeit in Thon, d. h. die Gewohnheit für Bronzeguss oder Terracotta zu modellieren. Es spielen Anklänge an andere Werke hinein, die wir nachzuholen haben.

Diese Gestalten am Campanile haben indess für die Kunstgeschichte eine so tiefgehende Bedeutung, dass wir nicht vorüber eilen dürfen, ohne uns des Sinnes dieser Taten bewusst zu werden. Wir haben vorher von dem Daniel bis zum heiligen Georg eine fortschreitende Entwicklung verfolgt, die, von wenigen, mehr malerisch gearteten Ausläufern abgesehen, eine einheitliche Reihe bildet. Der Zusammenhang blieb überall fühlbar. Aus dem Alten sprosst das Neue in ruhigem Wachstum, wie bei gewissen Pflanzen sich ein Blatt aus dem andern entrollt, — bis zur Blüte, als welche der heilige Georg erscheinen muss. Nun aber beginnt die schöpferische Kraft etwas Anderes auf Grund jener früheren Abzweigung, als hätten die Senklinge Wurzel geschlagen. Konnte auf demselben Stamm nichts mehr höher hinaustreiben? Donatello scheint von vorn anzufangen.

In der Verkündigung von Sta. Croce und den nackten Kindern darauf, wie im Petrus an Orsanmichele, ja im Kampf mit dem Drachen hat er die Freiheit der malerischen Richtung gekostet, mehr Leben und Bewegung im Raume dargestellt als die Tradition der statuarischen Kunst gestattete. Nun geht es ihm wie dem jungen Löwen, der zum ersten Mal Blut geleckt: nun lechzt er nach der Wärme des Lebens, nach Fleisch und Bein der atmenden Geschöpfe, und die Natur, wie sie ist um ihn her, soll auch hinein in seinen Marmor. Jetzt erst sagt er sich offen los von der Schule, wo er die Herrschaft über seine Kräfte und über die Mittel gewonnen, und setzt die Rechnung ganz unabhängig für sich an. Nun gilt es die scharfen Züge des Individuums, die aus der Menge hervorragen, die Wahrzeichen der Persönlichkeit mitten im alltäglichen Treiben festzuhalten. Sie, die ihn selber packen, sind das Wirksame, das auch sein Volk bezaubert. Gerade die absonderliche, die einseitig, aber stark entwickelte Physiognomie giebt uns unmittelbarer als jede allgemeinere Erscheinung das Gefühl der Realität, den imponierenden Eindruck des Daseins, — und was ist wertvoller als diese Gewissheit der Existenz! Diesen Faktor zur Geltung zu bringen wird ihm Hauptsache; ihm müssen sich alle andern unterordnen. Das bedeutete nun allerdings soviel, als die ererbten Regeln der statuarischen Kunst auf den Kopf stellen. Denn bisher war die Rücksicht auf den Linienzug des Standbildes, auf seinen Zusammenhang mit der umgebenden Architektur das erste und das letzte Gebot gewesen. Wer diesen Compass wegwarf, stand vor der radikalsten aller Fragen: »wie stellst Du Deine Gestalten hin?« Und alle herkömmlichen Posen, alle Schulvariationen waren aus-

---

[1]) Auf sie beziehen sich meines Erachtens die Dokumente von 1425—26 bei Semper, Regesten No. 53, 56) und das Datum der Aufstellung 1435 (No. 78).

geschlossen; denn sie waren konventionell, und »strikte Wahrheit« lautet die neue Forderung.

Bis dahin hatte Donatello nur das Bestehende reformiert, wenn auch gründlichst und gesund von innen heraus. Dies erst war Revolution. Aber rein negatives Abtun giebt es im Kunstwesen nicht; wer abreisst und umwirft, muss selbst wieder etwas aufrichten und Haltbares erbauen, so wahr er selbst noch als Künstler existieren will. — In der Tat besass nur Donatello die Kraft, etwas Lebensfähiges hinzustellen, wenigstens ein paar Beispiele dieser voraussetzungslosen und ungeschmälerten Selbständigkeit zu schaffen. Nach ihm wagt es erst Michelangelo wieder, der, sobald ihm die Forderung seines eigenen Wesens klar wird, an diese Reihe anknüpft.

Der Gedanke an diesen Nachfolger muss es indessen zur Klarheit bringen: wir haben nicht ruhige Wahrheit, objektive Wirklichkeitstreue allein hier. Gewiss ist die künstlerische Gesinnung, die in diesen Werken waltet, zunächst die nämliche wie in der niederländischen Malerei. Doch das Resultat, das herauskommt, ist in doppeltem Sinne abweichend. Es ist eine Erregung in diesen Gestalten, eine nervöse Spannung zum Ausdruck gebracht, die in ihrer drastischen Mimik sich schon dem Gebiet des Theatralischen nähert. Und wenn diese romantische Subjektivität noch nicht zur Grimasse entartet, wenn diese seltsamen Individuen noch nicht zur Karikatur geworden sind, so ist das der Vorzug des italienischen Wesens im Künstler so gut wie im Modell. Diese Renaissancemenschen sind von so geschlossenem Charakter, so abgerundet und sicher in sich trotz aller Ecken, dass sie immer noch monumental erscheinen.

Zum grossen Teil liegt das sogar lediglich an der Kunstgattung und ihrem damaligen Stande. Es ist eben Skulptur, mit der wir es hier zu tun haben, und ihre Sehnsucht konnte damals nichts Anderes sein, als innige Gemeinschaft mit dem wirklichen Dasein. An subjektive Ueberhöhungen der Natur, an ein titanisches Uebertrumpfen ihrer Vorbilder konnte noch Niemand denken. — Und Donatello kannte das Wesen seiner Kunst zu gründlich, um selbst als Revolutionär direktionslos auf Abwege zu geraten. Er weiss überall, dass er in festem Stoff arbeitet, und will nichts Anderes, als was in diesem zu erreichen ist. Er versucht auch nicht mehr zu geben, als aus der Ferne noch wirken kann. Dieses Mafs freilich des Erreichbaren ist durch konsequente Berechnung des Effektes aufs Höchste gesteigert. Sieht man diese Gestalten auf gleichem Boden mit uns, oder photographiert man sie nur, wie dies geschehen, von näherem Standpunkt, so werden sie zu abnormen, willkürlichen Geschöpfen, während die richtige Entfernung ihre Fehler zu Tugenden macht.

Mit der perspektivischen Berechnung und der Anwendung des bestimmten Gesichtspunktes ist indessen auch manches Andre aus der Malerei auf diese Statuen übertragen, und es ist lehrreich zu beobachten, was hier aus den Standbildern wird, während gleichzeitig Ghiberti die Gesetze malerischer Anschauung auf die Reliefs seiner Porta del Paradiso überträgt. Die Ausbeutung der wichtigen Perspektivlehre Brunellesco's verrückt eine Zeit lang der Skulptur das Konzept und führt zu einer Invasion malerischer Prinzipien in die statuarische wie in die Relief-Kunst.

Diese Gestalten am Campanile bleiben stehen oder schreiten einher wie im Zuge der Bewegung, um keinen Grad würdevoller, gehaltener als die Leute auf der Strasse, im Gegenteil eher noch ungenierter, leidenschaftlich, spontan. Es sind nicht schöne Körper, die man um ihrer selbst willen mit Vorliebe schaut, sondern einseitig ausgebildete, unvollkommene Kreaturen, mit abfallenden Schultern oder mit einem Kürbiskopf, aber eben dadurch charakteristisch. Die Anordnung ihrer Gliedmafsen zum Rumpfe, die Haltung des Leibes und des Kopfes ist nirgends durch äusserliche Rücksicht bestimmt, nur von innen motiviert und redet notwendig mit zum Ausdruck des Individuums in seiner Totalität oder seiner augenblicklichen Stimmung. Endlich die Draperie, das Kostüm, so unabhängig wie möglich. Ein ärmelloses Hemd, ein Kittel, ein Laken oder eine alte Decke werden dem Modell aufgehängt, wie es gerade mit diesem seltsamen Subjekt und seinem Gebahren zusammengeht. Urwüchsiger und unverfrorener denkt auch Rembrandt nicht seine biblischen Personen.

Diese Gestalten sind denn auch die eigentlichen Vorbilder der Maler geworden, die wir am besten mit dem Namen Andrea del Castagno kennzeichnen. Sie sind in ihrem relativen, von einer bestimmten Umgebung abhängigen Wesen so malerisch, dass sie die Farbe zu fordern scheinen. Wie das ausfiele lehrt uns, bis zu einem gewissen Grade wenigstens, ein Beispiel von Donatello selbst. Ich meine die Porträtbüste des Niccolò da Uzzano, der 1432 gestorben ist und um dieselbe Zeit modelliert sein muss, wo die letzten Statuen am Glockenturm entstanden. Die Büste ist in Terracotta ausgeführt und vollständig naturalistisch bemalt. Ein rotes Tuch ist um die Schultern drapiert und lässt den Hals bis an das Schlüsselbein frei. Hier ist die vollste Naturwahrheit bedingungslos in ihrem Recht und hat in schärfster Charakteristik des bedeutenden Kopfes die grossartigste Wirkung erzielt. Das bartlose Antlitz und das kurzgeschorene Haar lassen alle individuellen Eigentümlichkeiten des Knochengerüstes durchblicken. Unter der mächtig übergewölbten Stirn liegen in weiten Höhlen die tief herabgesunkenen Augen, die trotz der schweren Lider die Schärfe des Adlerblickes verraten. Diesen Eindruck steigert noch die starkgebogene, energisch geschnittene Nase und der Mund, dessen schmale Lippen sich sarkastisch und doch gutmütig herunterziehen, endlich das kräftige Kinn und der unbeugsame Nacken, der den eigentümlichen Schädel in rückwarts neigender Lage trägt.

Das sind originelle Schöpfungen, die Donatello mit seiner volkstümlichen Sinnesart in augenfälliger Opposition zu den zahmeren Gebilden eines Ghiberti hinstellt, dort Bauern und Proletarier, die auch dem aristokratischen Geist seines Freundes Brunellesco wenig behagen mochten, hier ein Charakterkopf in vollen Farben, der auf lange hinaus den Neid der Maler erregen musste, — bei aller Erregtheit und hochgradigen Passion doch nur Ausbrüche eines kerngesunden Naturalismus.

IV

Die Gemeinschaft mit Michelozzo

Suchen wir in unserer Vorstellung, was Donatello seit dem Tode des Nanni di Banco bis zu seinem zeitweiligen Weggang von Florenz, also in den Jahren 1422—1427 geschaffen hat, wenigstens soweit wir es kennen gelernt zusammenzufassen, so überwiegt der romantische Naturalismus der Gestalten am Campanile so stark, dass wir einem andern Hauptwerke gegenüber, das als sein Eigentum gilt, in arge Zweifel geraten. Es ist das Grabmonument des Cardinals Baldassare Coscia, des entthronten Papstes Johann XXIII, im Baptisterium zu Florenz. Nach Vasari soll es Donatello unter Beihülfe des Michelozzo gearbeitet haben. Urkundlich sind beide Meister noch 1427 daran beschäftigt, während die Bestellung nach dem Testament des 1419 gestorbenen Cardinals ins Jahr 1420 zurückreichen könnte.

Erst neuerdings hat Bode den ersten Schritt zu radikalerer Scheidung des Anteils beider Künstler getan. »Das Denkmal zeigt in den plastischen Teilen, sagt er«, soweit sie in Marmor ausgeführt sind, »einen für Donatello in jener Zeit schwer begreiflichen Mangel an Bewegung und feinerer Belebung, wie eine für ihn ungewöhnliche Glätte. Da sich diese Eigenschaften in der von Vasari dem Michelozzo zugeschriebenen Relieffigur des Glaubens ganz in gleicher Weise vereinigt finden, so dürfen wir demselben mindestens einen wesentlichen Anteil an der Ausführung des ganzen Grabmals zuschreiben«[1]).

Es muss Ernst gemacht werden, nach dem Charakter ihrer übrigen Werke zwischen Beiden abzurechnen. Michelozzo ist bisher eigentlich nur als Architekt und höchstens als geschickter Bronzegiesser gewürdigt worden. Er verdient nicht nur als Erbauer des Pal. Medici (Riccardi) und anderer Brunellesco's neuen Stil verbreitender Bauten, sondern auch als Marmorbildner unsere volle Aufmerksamkeit. Er ist nicht allein als Autor der Architekturteile dieses Grabmals im Baptisterium anzusehen, und damit als Begründer des toskanischen Nischengrabes als Wanddekoration, während bei Donatello selber ein so origineller Aufbau und so sorgfältige Durchbildung klassischer Zierformen kein Gegenstück fände. Seine Mitwirkung bei den plastischen Teilen ist auch ebenso selbständig. Die drei allegorischen Frauengestalten, die in flachen Nischen zwischen kannelierten Pilastern stehen, offenbaren in der ganzen Ausführung seine Eigenart. Aus der Verbindung mit Lorenzo Ghiberti erklärt sich allein die zahmere Schönheit, über die er noch nicht hinausstrebt. Sie treten nicht weiter aus der Fläche hervor als Ghiberti's Bronzereliefs und sind auch ganz analog durchgearbeitet: überall mafsvolle

---

[1] Cicerone, V. Aufl. (1884) S. 375. Bei Donatello heisst es ähnlich, doch wird auch die Madonna als für ihn zu starr bezeichnet. »Von besonderer Schönheit ist die allein in Bronze ausgeführte Gestalt des Toten«. Uebrigens sagt Vasari im Leben des Michelozzo: »nella sepoltura, che fu fatta .. da Donatello per Papa Giovanni Coscia, .. la maggior parte fu condotta da lui« d. h. Michelozzo!

Bewegung, einfach fliessende und doch metallisch scharf gezogene Falten; auch in den Händen keine Loslösung einzelner Finger, die beim Guss nicht gut käme, in den Haaren keine Unterhöhlung lockerer Particen, in den Gesichtsteilen keine Vorsprünge und Einschnitte, sondern gleichmässige Glätte wie über der ganzen Gestalt, — die verständige Zurückhaltung des Reliefbildners in Erz hier auf den Marmor übertragen. Ebenso die Halbfigur der Madonna mit dem Kinde. Sie bleibt droben in der Lünette durch diesen Mangel plastischer Rundung sogar unwirksam. Die sorgfältige Glättung macht sich nicht minder bei den inschrifthaltenden Flügelknaben bemerkbar, die in reizender Anordnung an der Vorderseite des Sarkophags sitzen. Nur der Kopf zur Linken[1]) und die Lebensfrische dieser Körper verrät Donatello's Anteil, der sie sicher entworfen hat. Sonst dürfte von dem Meister selbst nur die Sockelverzierung von Cherubköpfen mit Guirlanden und Bändern gegeben sein, und vor Allem die Grabfigur, deren Bronzeguss jedoch wieder Michelozzo vertraut ward. Der Tote liegt in seinem Ornat als Cardinal-Erzbischof von Florenz auf der teppichbedeckten Bahre. Ein prächtiges Kissen mit langen Quasten hebt das Haupt mit der Mitra, so dass wir die Züge erkennen. Es ist eins von jenen energischen Bildnissen Donatello's, ehern wie die Masse, aus der es gegossen ward. Auch die Durchbildung des Leibes zeugt von der sicheren Meisterhand, wenn auch dem vorsichtigen Bronzegiesser gestattet war, die reichen Falten nach Bedürfnis niederzulegen.

Entscheidend ist schliesslich der Vergleich der Typen. Wo fänden sich bei Donatello in dieser Zeit Köpfe gleich den Tugenden drunten? Nur in der Anlage herrscht unleugbare Verwandtschaft mit dem David im Bargello und dem heiligen Georg, während nach 1416 wol nur die beiden Profilköpfe von Propheten an der Porta della Mandorla herangezogen werden können. Aber wer garantiert uns, dass diese Lückenbüsser in einer Arbeit des Nanni di Banco, die Donatello 1422 zu liefern hatte, auch von ihm selber ausgeführt sind? Sie sitzen hermenartig in den Ecken unter dem Simse des Spitzgiebels und bewahren so völlig antike Ruhe und Idealität, dass sie zwischen den genialen Gestalten für den Glockenturm, denen sie zeitlich am nächsten stehn, höchlichst befremden. Ja ihre Glätte und die schematischen Hände lassen auch hier vermuten, dass Michelozzo für ihn eintrat. Dagegen dürfen für die Eigenart des Letzteren beglaubigte Werke als Zeugen angerufen werden. Sein Johannes der Täufer am Silberaltar der Domopera und die grosse Thonfigur desselben im zweiten Hof der Annunziata entsprechen ganz dem zahmen Wesen, der mangelhaften Belebung, die er nicht überwindet. Sind sie auch späteren Datums, so zeigen sie eben, wie er in seine Manier zurückfällt, nachdem er sich selbst überlassen war. Die Berührung mit Donatello hat nur einen vorübergehenden Aufschwung zu grossartigerem Wollen veranlasst.

Vasari's Verteilung der allegorischen Frauen, die Caritas und Spes seien von Donatello, die Fides von Michelozzo, kann sich meines Erachtens nur auf den Entwurf beziehen; und in der Anlage sind allerdings die Erstgenannten doch überlegen! — Dass wir bei dieser Wiedereinsetzung Michelozzo's nicht fehlgreifen,

---

[1]) Dieser Knabenkopf dürfte die letzte Stelle sein, an der Donatello noch um 1428 30 Hand angelegt hat. Man vergleiche die Augen mit denen des Knaben Johannes Relief im Bargello'.

Schmarsow, Donatello.

bestätigt seine Arbeit an zwei andern Grabmälern, die gleichzeitig 1427—29 im Entstehen waren. Es ist nicht allein die Aehnlichkeit mit Lorenzo Ghiberti, die ihn bei diesem ersten noch in Gegensatz zu Donatello bringt. Er hat auch eine Vorliebe für lange Hände, deren wolgebildete Finger sich stark verjüngen, und legt sie gern zur Schau, ohne rechten Sinn für ihre Gelenke. Seine Marmorbehandlung ausserdem, besonders in der Madonna des Coscia-Grabes, erklärt wieder die Weise des Pagno di Lapo Portigiani, eines andern Genossen im Atelier Donatello's, der sonach vielmehr als Schüler Michelozzo's erscheint[1]).

Sodann ergiebt sich Michelozzo im Anschluss an seine Architekturstudien der Nachahmung antiker Statuen und Reliefs. An dem Denkmal des Cardinals Raynaldo Brancacci († 27. März 1427), das er mit Donatello und Pagno Portigiani zu Pisa gefertigt, von da zu Schiff nach Neapel geschafft und selbst im Kirchlein S. Angelo a Nilo aufgestellt hat, erscheinen als Trägerinnen des Sarkophags drei allegorische Frauen offenbar an Stelle antiker Sclavinnen oder Kriegsgefangenen. Die Eine rechts erinnert ganz sichtlich an die sogenannte »Priesterin des Romulus«, eine römische Statue in der Loggia de' Lanzi. Die Beine sind anders gestellt, weil sie hier als Karyatide gedacht wird; aber der Oberkörper und die Haltung der Arme ist sehr verwandt, bis auf die anders gebrauchten Hände, — ja der Kopf mit dem aufgelösten Haar trägt das Stirnband, im Marmor selber ausgeführt. Es ist die älteste der drei Parzen, die sich Donatello's Arbeit am meisten nähert. Die beiden andern sind bei weitem zaghafter; aber die Engel droben, die neben dem Toten stehen und den Vorhang halten, lange, schlanke Körper, sind doch schon mehr im eigentümlichen Sinne der Marmorskulptur empfunden. Das Lünettenrelief, mit der Madonna und zwei Heiligen auf bemaltem Grunde, wird stark vom Vorhang beschattet, und der Anteil des Pagno Portigiani, ja eines pisaner Gehülfen[2]), scheint überwiegend. Was auf Donatello selbst entfallen könnte, wäre, ausser dem Kopf der alten Parze, nur das Porträt des Cardinals und vielleicht das zarte Flachrelief der Himmelfahrt Maria's am Sarkophage, wahrscheinlich aber der Entwurf mehrerer Statuen in ihrer Haltung.

Das dritte Grabmal, das Bartolommeo Aragazzi sich selbst im Dom von Montepulciano zu errichten verordnet hatte, war Michelozzo allein in Auftrag gegeben (1427—29). Nur zwei allegorische Wesen gemahnen zugleich an Donatello's Kraft wie an die römische Antike. Es sind mächtige, hochaufgeschossene Gestalten, trotzig bewegt, aber eintönig in der Gewandung und starr durch den antikisierenden Kopf mit grossen, sternlosen Augen, gerader Nase und festgeschlossenem Mund. Die Porträtfigur des Toten ist gross gehalten, aber nur der Kopf mit einem Anflug von Individualität gegeben, sonst allgemein mit fliessenden Falten und schönen Händen, wie der segnende Christus auch. An den beiden Hauptreliefs, wo die Abschied nehmende Mutter hier und die thronende Madonna dort wieder ganz die Eigenart Michelozzo's zeigen, hat neben ihm ein fremder

---

1 Vgl. sein Madonnenrelief in der Domopera.

2. Vgl. die Lünette mit der Madonna und 2 Engeln über der alten Bronzethür des Domes von Pisa, ein Relief, das nach erhaltenen Resten seiner Werke in Rom dem Isaia di Pisa gehören muss. Uebrigens ist das ganze Grabmal in Neapel etwas oberflächlich gearbeitet, als fehle die letzte wirksame Durchfeilung an Ort und Stelle.

Marmorarbeiter mitgewirkt, — ich glaube Simone Ferrucci, dessen dralle, kurzbeinige Putten uns in Rimini an den Skulpturen des Malatesta-Tempels begegnen.[1])

Diese Auseinandersetzung mit Michelozzo wird wichtig und fruchtbar für das Verständnis der nächsten Tätigkeit Donatellos, die uns lehrt, dass er in diesen Jahren reichlich genug mit Dingen beschäftigt war, die ihm mehr am Herzen lagen. Neben dem einfachen Sarkophag für Giovanni di Bicci de' Medici (1428), in der Sakristei von S. Lorenzo, wendet sich der Meister mit Vorliebe der Bronzearbeit zu. Diese Gattung gewährt ihm in dem weicheren Thonmodell Gelegenheit sein feines Gefühl für Lebenswahrheit zum Ausdruck zu bringen, unmittelbarer seiner Empfindung zu folgen, indem er die Ausführung des Gusses dem treuen Michelozzo überliess, um schliesslich noch einmal die letzte Hand daran zu legen, die oft noch beim Ciselieren sehr energisch dreinfährt. Die überraschende Schärfe damaliger Bronzewerke hat vielfach keinen andern Grund, als dass die Formen aus dem Metall gemeisselt, gebohrt, gestochen sind, wie sonst aus Marmelstein.

So lieferte er im selben Jahre 1427 die bronzene Grabplatte des Giovanni Pecci, Bischofs von Grosseto († 1426), für den Dom von Siena und für die Unterkirche S. Giovanni daselbst ein Bronzerelief für das Taufbecken (5. Oktober). Hier stellt er den Tanz der Salome um das Haupt des Johannes dar. Wie für ein Gemälde sind die Gesetze der Linearperspektive auf die Bildfläche übertragen, und drei, ja vier Räume hinter und neben einander entfaltet. Es ist sicher der Architekt Michelozzo, dem wir die Durchführung dieses Kunststückes verdanken; denn mit sichtlicher Vorliebe schildert er vorn eine noch unvollendete Halle, sogar mit den Löchern im Mauerwerk für das Gerüst und einigen Balken, die noch darin stecken. Ueber einem Parapet eröffnet eine Arkadenreihe den Einblick in andre Teile, zunächst in das Treppenhaus, dann jenseits durch gleiche Arkaden ins Frauengemach und rechts davon in eine andere Stiegenanlage, die in ein höheres Geschoss hinaufführt. Alle drei Pläne sind mit Personen belebt und so die verschiedenen Momente der Handlung gegeben. Vorn sitzt Herodes mit seinen Tischgenossen beim Mahle. Noch tanzt ihm gegenüber das schöne Töchterlein auf Geheiss der Mutter, den blutigen Preis zu erschmeicheln, und Höflinge und Diener umstehen sie, sogar Kinder haben sich hineingeschlichen, während im Vorraum ein Musikant auf der Geige dazu aufspielt. Doch mit unerwarteter Schnelligkeit ist im Kerker die Hinrichtung des Täufers geschehen, der Kriegsknecht in den Festsaal getreten, — und bringt dem Fürsten wie zum Nachtisch auf einer Schüssel das abgeschlagene Haupt Johannis dar. Eben kniet er links vor dem Herrscher nieder, der entsetzt die Hände erhebt; ängstlich entfliehen die Kinder, und die Tochter erstarrt im Tanze von dem grausigen Anblick gebannt. Neugierig drängen sich die Diener hinter ihr heran oder kehren sich ab, wie der eine der Gäste, die Hand vor Augen, zurückweicht, der andere, zu Herodes gewandt, wie vorwurfsvoll darauf hinweist.

---

[1] Gaye, Perkins u. A. überschätzen diese Leistung sehr. Das kommt leicht beim Besuche eines kleinen Ortes, wo nicht viel ersten Ranges zu sehen ist, da die erwartungsvolle Empfänglichkeit auf halbem Wege der Wirkung des Kunstwerkes entgegenkommt, zumal wo Zerstückelung des Ganzen wie hier der Phantasie noch eine Wiedergeburt des Ganzen zumutet. Als Remedium dient, dass man sich die Photographieen dieser Teile (von Lombardi in Siena) neben die der andern Grabmäler und echter Stücke Donatello's legt.

Während im Vordergrund in zwei vortrefflichen Gruppen der lustige Tanz und der grässliche Lohn mit dramatischem Kontrast auseinander platzen, sieht man im Treppenhaus, wo der Geiger steht, zwei Männer die Stufen herauf und hinabsteigen, drinnen aber im Frauengemach bereits einen folgenden Moment. Da sitzt die schöne Herodias mit ihren Weibern und lauscht noch der fröhlichen Weise, obschon bereits ein Diener eintritt mit dem Haupt ihres Anklägers auf der Schüssel. Nur die Köpfe sind sichtbar, und doch der Ernst des Boten, wie der Schauder bei den Zofen deutlich ausgedrückt.

Es muss übrigens auffallen, wie fast alle Köpfe alten Römertypen nachgebildet sind, oder griechisches Profil zeigen. Stirn und Nase sind aber nicht nur geradlinig, sondern durch einen vorspringenden Grat vermittelt, wie es Jacopo della Quercia liebt, dem diese Darstellung zuerst aufgetragen war. Donatello musste ihn durch eine Abfindungssumme entschädigen; aber er selbst hielt sich wieder schadlos, indem er den Werken des grossen Bildners von Siena ablernte, was ihm genehm war. Die wundersamen Gestalten der Fonte gaja, die majestätische Madonna an der Spitze, haben einen fühlbaren Einfluss auf ihn gewonnen, der nach wiederholtem Wiedersehen lange nachwirkt. Nicht nur in diesem Profilschnitt allein macht er sich schon in den zwei Tugenden bemerkbar, die Donatello 1428 für Ecknischen des Taufbeckens modellirt hat. Es ist der Glaube, die Frauengestalt mit dem Kelch, ein ernster Kopf mit der Binde um die Stirn, und die Hoffnung, die geflügelt, mit sehnsüchtig erhobenen Armen das milde Engelsantlitz vertrauensvoll gen Himmel richtet.[1]

Diesen klassischen Typen, besonders der tanzenden Salome verwandt ist eine der schönsten Bronzefiguren Donatello's: der David aus Palazzo Medici, jetzt im Bargello. Ich setze seine Vollendung ums Jahr 1430. Liessen schon der David in Marmor und der heilige Georg das Verlangen des Künstlers nach der Darstellung des nackten Leibes durchfühlen, so wird hier zum ersten Mal Ernst gemacht mit der völlig freien Wiedergabe des unbekleideten Körpers. Es ist eine knabenhafte Jünglingsgestalt, nur mit reichverzierten Beinschienen bis an die Knie und einem breitkrämpigen Hut auf dem Kopfe bedeckt. Der junge Sieger steht mit dem grossen Schwert in der einen und dem Kieselstein in der andern Hand über dem abgeschlagenen Haupte Goliath's; er tritt mit dem rechten Fuss auf einen Flügel des Helmes, den der Riese trägt, und setzt den linken triumphierend auf die bärtige Wange des Toten. Das frische und doch ebenso scharf als edel geschnittene Antlitz neigt sich bescheiden; die langen Haare wallen ihm auf die Schultern herab, und der Hut mit dem Lorbeerkranz darauf beschattet die Stirn, während ein Lächeln der Freude fast ironisch um die Lippen spielt. Meisterhaft ist in Ausdruck und Gebahren das knospenhafte Wesen des Uebergangsalters getroffen und die geheimnisvolle, etwas herbe Schönheit der noch unerschlossenen Jugendblüte in der wundervollen Durchbildung des Leibes gelungen.[2]

---

[1] Giovanni di Turino half ihm beim Ciselieren und Vergolden. Dahin gehören noch nackte Putten zur Bekrönung des Sakramentshäuschens. Der Speranza am nächsten steht in Modellierung und Charakter des Gusses die kleine Bronzefigur des Amor oder Mercur im Bargello.

[2] Auf dem Helm ist in flachstem Relief ein Triumphspiel von Putten dargestellt. Dahin gehört zeitlich auch das kleine friesartige Relief mit ähnlichem Kinderscherz im anstossenden Saal des

Blicken wir nun aber, bei einem so entscheidenden und ureignen Werke des Meisters, zurück zu dem Stande seiner Kunst vor dieser Gemeinschaft mit Michelozzo, so ergiebt sich überzeugend, dass dieser Verkehr die Veranlassung zu einem abermaligen Umschwung seines Strebens geworden ist. Denn, was wir auch über seinen Anteil an jenen Grabmälern urteilen mögen, dieser David im Museo Nazionale ist die Blüte eines so geläuterten Wollens gegenüber jenen leidenschaftlichen Kreaturen am Glockenturm, dass die Identität ihres Urhebers nur möglich scheint, wenn wir es eben, wie hier, mit einem umfassenden Genius zu tun haben, dem die Mannichfaltigkeit der Mutter Natur selbst gegeben ward. Mag es die tägliche Gemeinschaft mit dem Verehrer der antiken Baukunst Michelozzo, oder die Verbindung mit dem Hause der Medici gewesen sein, oder war es vielmehr ein erneuerter Mahnruf eines geistig Adligen wie Brunellesco —, unverkennbar bleibt die Tatsache, dass Donatello's Empfindung und Vortrag in dieser nackten Bronzefigur eine Reinheit des Geschmackes offenbaren, wie er sie vorher nur im San Giorgio erreicht hat. Glücklicher als je zuvor nähert er sich der Art der Griechen, die Natur zu sehen und wiederzugeben. Nicht sowol die Statue selbst, als die kleinen Bildwerke am Helm des Goliath erzählen uns, dass erneutes liebevolles Studium der Antike seine Gedanken geklärt und veredelt hatten, bevor diese köstliche Schöpfung entsprang.

Es liegt in der Natur der Sache, dass solche vollendeten Gebilde immer vereinzelt erscheinen, wie seltene Blumen. Sie heben sich über den fortlaufenden Zug der Entwicklung hinaus und dürfen, wo es diesem zu folgen gilt, nicht Mafs geben. Kehren wir zum Durchschnitt zurück!

Während Michelozzo bei diesen letzten Bronzearbeiten Donatello's als geschickter Giesser zur Hand war, tritt an gleichzeitigen Marmorarbeiten seine Teilnahme stärker hervor. Wir haben aus dem Jahre 1427, wo uns eine Art Geschäftsbericht über das gemeinsame Atelier vorliegt, noch eine Einzelfigur nachzuholen. »Eine Statue für die Domopera ist dreiviertel vollendet.« Ich vermute darin nichts anderes, als Johannes den Täufer, der jetzt im Museo Nazionale steht. — Die überschlanke Figur hat in manchen Dingen viel Aehnlichkeit mit Michelozzo's Arbeiten für Montepulciano. Das Motiv schliesst sich am nächsten der letzten Gestalt am Campanile an. Es ist der Jeremias mit dem Schriftband in der Linken, zum Lesen in Brusthöhe erhoben, mit dem lang herunterhängenden rechten Arm, der hier ein Rohrkreuz hält, — und dem schreitenden Gang. Nur ist Alles ins Schmale, Gestreckte ausgezogen. Selbst die Bildung der Extremitäten, der langfingrigen Hände und der hageren Füsse entspricht Michelozzo's Art,[1] wie die unfreie und unmalerische Behandlung des Haares und des Felles, die Donatello's Weise widersprechen. Der Typus des Gesichts streift wieder an den segnenden Christus in Montepulciano und die Formbildung an den Kopf des Aragazzi, wenn er auch ausdrucksvoll, scharf geschnitten ist und das Ganze nicht ohne Donatello's Anteil möglich war.

Bargello. — Dagegen bietet auch die missglückte und deshalb unvollendet gebliebene Marmorfigur eines jungen David über Goliath's Haupt im Treppenhaus des Pal. Martelli vielfach verwandte Züge dar.

[1] Vgl. seine obengenannten Johannesfiguren.

Des Meisters eigene Ausführung ähnlicher Gestalten bekundet denn doch ganz andere Qualitäten. So z. B. die Marmorfigur des jugendlichen Johannes der Familie Martelli. Es ist ein grosser Knabe, schlank aufgeschossen, knochig und hager. Ein ärmelloser Kittel aus zottigem Fell bedeckt den Leib von den Schultern bis an die Knie, ein Manteltuch hängt von der linken Achsel über den Arm bis zur Erde herab. Die linke Hand drückt ein Schriftblatt gegen den Leib, während die Rechte, fast gerade herunterhangend, mit den Vorderfingern ein Rohrkreuz hält. Wie die eckigen Bewegungen zeugen auch die herben Züge des Kopfes von dem Aufenthalt in öder Wüstenei. Hunger und Entbehrung haben den Hauch der Jugendfrische von seinen Wangen genommen; sie sind schlaff und abgezehrt. Die Augen haben ein blödes Aussehen, mehr die eines taubstummen Kopfhängers als eines hellsehenden Propheten, und der Mund ist halb geöffnet, als könnte er nur lallen. Das feurige Pathos des Busspredigers ist noch nicht zum Durchbruch gelangt, sondern der wundersame Drang treibt diesen Knaben dumpf dahin, und es ist schwer zu sagen, ob man von dem einfältigen Ausdruck nicht eher auf einen armen Narren schliessen möchte, als auf den Vorläufer Christi. Gerade das aber ist der Wirklichkeit abgelauscht, als hätte Shakespeare das rätselvolle Alter an solchen Individuen beobachtet, wo im Wetteifer des körperlichen und geistigen Wachstums derartige Schwankungen hervortreten. Schnelles Aufschiessen bei mangelhafter Ernährung macht auch einen wolveranlagten Kopf zeitweilig zum Träumer. Das ist wieder ganz Donatello! Dazu die Trefflichkeit der Marmorarbeit, die in jeder Faser die Meisterhand verrät; ohne ängstliche Glätte, ohne peinliche Sorgfalt, aber Leben und Wärme überall.

Dieselben Vorzüge, wenn auch nicht ganz so fein, teilt die Reliefbüste aus Sandstein im Bargello, die diesen Johannes in ähnlicher Auffassung mit geöffnetem Munde darstellt, aber mit munteren Knabenaugen, wie er noch kindlich und frisch erst in die Wüste hinausgeht. Das war Donatello's Art in Stein zu arbeiten, als er 1432 nach Rom gieng.

Römische Einflüsse

Wie Vasari erzählt, veranlasste der Erzbildner Simone di Giovanni Ghini diese Reise nach Rom. Er bat Donatello, die Grabplatte für Martin V. zu begutachten, die zur Aufstellung in der Basilica des Laterans soeben im Modell vollendet war. Ein solcher Aufenthalt konnte damals auch für einen Künstler wie Donatello nicht müssig sein. Die Kosten mussten durch Arbeit gedeckt werden. So übernahm er in Rom den Auftrag, seinerseits eine bescheidene Grabplatte für die Kirche S. Maria in Aracoeli zu fertigen, und zwar mit dem Bildnis des Archidiakons von Aquileja und päpstlichen Abbreviators Giovanni Crivelli aus Mailand, der am 28. Juli 1432 gestorben war. Obgleich das Werk am Ende der Inschrift[1]) den berühmten Namen des Künstlers trägt, blieb

1 Sie steht auch bei Reumont III, 1. p. 526.

es im Fussboden der Kirche, vor der Kapelle der Transfiguration, doch schutzlos preisgegeben, so dass heute kein Urteil mehr möglich ist. — Auch eine Holzstatue Johannes des Täufers,[1] die noch lange in der Sakristei des Laterans bewahrt ward, ist neuerdings verschwunden, hoffentlich nur zeitweilig, um im Museo Lateranense wieder aufzutauchen. —

Dann aber kam der Einzug des Kaisers Sigismund, der von Siena her am 21. Mai, dem Himmelfahrtstage 1433 die ewige Stadt betrat, um am 31. Mai die Kaiserkrone zu empfangen. Eugen IV bereitete ihm einen pomphaften Empfang, und Donatello musste in Gemeinschaft mit Simone Ghini sich auch beim Festapparat beteiligen. Offenbar ward in Rücksicht auf diese Feier in der altehrwürdigen Basilika des Vatikans bei dem tüchtigsten Bildhauer, den Florenz entsenden konnte, ein neuer Schmuck des Sakramentsaltares bestellt, von dem Vasari in anderem Zusammenhang berichtet. »In Rom, bemerkt er, wollte der Meister die Werke der Alten soviel als möglich nachahmen, und während er sie studierte, arbeitete er aus Stein ein Sakramentstabernakel, das heute noch sich in S. Peter befindet.« Noch Bottari berichtete zu dieser Stelle, dass es zur Zeit Bernini's von diesem Altar weichen musste, um einem vergoldeten Bronzewerk nach dem Vorbild von Bramante's Tempietto Platz zu machen. Es sei anderswohin übertragen, sagt er, ohne anzugeben wohin. Weder die Herausgeber des Vasari kennen es mehr, noch unsere neueren Führer und Biographen, und der römische Aufenthalt Donatello's wäre an Ort und Stelle sozusagen spurlos vorübergegangen, für uns ohne anschauliches Dokument für das Antikenstudium, das Vasari behauptet.

Da Burckhardt-Bode, Semper und Müntz davon schweigen, so hatte auch ich die kurze Notiz über das Ciborium von S. Peter nicht im Gedächtnis, als mir im Osterfest dieses Jahres das Glück zu teil ward, das verschollene Denkmal zu sehen und als Werk Donatello's zu erkennen. Es ist noch heute in S. Peter, aber dem Blick der Frommen, ja dem eifrigen Spürsinn des Forschers entrückt, in einem Raum, den ich bei so viel früheren Besuchen nie betreten hatte. Auf der einen Seite der Sakristei liegen die Gemächer des Kapitels, die Cappella de' Canonici mit zwei Oelgemälden von Giulio Romano und Francesco Penni, dann das Sitzungszimmer mit den herrlichen Apostelköpfen und musizierenden Engeln aus Melozzo's Himmelfahrt Christi, und den köstlichen Tafeln von Giotto's Altarwerk der einstigen Basilika, also ein Wallfahrtsort für jeden Verehrer der alten Kunst. Auf der andern Seite dagegen befindet sich die Cappella de' Benefiziati, von deren Dasein kaum ein Fremder weiss, — so wenigstens scheint es; denn beim ersten Blick, den ich hinein getan, stand ich mit steigender Freude vor dem Altartabernakel, das mir Niemand anders gemacht haben konnte als Donatello.[2] Es schliesst statt des Weihbrodhäuschens jetzt ein vielübermaltes Muttergottesbild ein, — mir scheint, die einstmals hochverehrte »Madonna della febbre«, in deren

---

[1] Sie ward für das Baptisterium des Laterans gearbeitet und stand ehemals dort.
[2] Meine Taufzeugen waren zwei junge Fachgenossen, Dr. Zimmermann aus Elbing und Dr Josef Strzygowski, dem ich für eifrige Bemühungen, die Erlaubnis des Kapitels zur photographischen Aufnahme des Tabernakels zu erkämpfen, verpflichtet bin. — Es war am Tage meiner Abreise von Rom, und so kam ich erst daheim bei der Frage nach der chronologischen Einordnung des Werkes auf Vasari, und fand die Stelle, die meine Namengebung bestätigt.

Zügen man noch einen Ueberrest ihrer Herkunft von Fra Angelico erkennt, trotz gänzlicher Entstellung mancher Teile.

Ueber einem Gesims, das sich in drei Hauptgliederungen aus der Wand heraushebt, lagert in derselben Breite ein Sockel, mit Fries in der Mitte und zwei vortretenden Postamenten an den Seiten. Aus diesen steigt hüben und drüben ein kannellierter Pilaster mit einem flach an der Wand liegenden Trabanten zur Seite als Einrahmung des mittleren Wandfeldes auf. Bescheidene Frührenaissancekapitäle aus korinthisierendem Blattwerk bekrönen sie und tragen ihrerseits steile Volutenkonsolen, die bei den Hauptpilastern nach vorn vorgekröpft sind, bei den Begleitern nach aussen im Profil wieder flach auf der Wand liegen. Darüber erhebt sich eine Art Attika mit breitem Mittelfeld zwischen ihren verkröpften Pilastern und mit geradem Kranzgesims, das unten mit Eierstab und Zahnschnitt verziert, im Architrav, wieder den Trägern entsprechend, vor- und zurückspringt und in längliche Rechtecke mit einem Stern im mittleren Rund gegliedert ist.

Das hohe Wandfeld unten wird von einem schlanken Fenster eingenommen, das mit reichskulpiertem Giebeldreieck verdacht, einst die Thüre des Weihbrodgehäuses umrahmte. Blumenvasen mit aufsteigendem Rankenornament stehen auf Konsölchen zu beiden Seiten und füllen die schmalen Streifen zwischen Fensterrand und Pilastern. Vor diesen aber stehen auf den Sockeln drunten je drei Engelknaben, die anbetend und verehrend zum Allerheiligsten aufschauen. Während am Fries des Untersatzes in flachem Relief vier geflügelte Putten sichtbar werden, die am Boden hockend radähnliche Scheiben halten (deren mittlere durch ein rotes Kreuz auf Goldgrund in Mosaik gefüllt ist), — sieht man im Giebelfelde droben ein Rund mit der Büste des Schmerzensmannes und auf dem schrägen Dachrande zwei Flügelknaben lagern. Auf den Gebälkstücken der Konsolen stehen noch durch korbähnliche Untersätze erhöht zwei gleiche Genien, von eben solchen Gefährten am äusseren Rande begleitet. Sie heben beiderseits den Vorhang, der das Mittelfeld der Attika verhüllen könnte, empor und zeigen so die Grablegung des Herrn, die in zartestem Flachrelief das Mittelfeld der Attika einnimmt. — Das Ganze bildet also einen Corpus-Christi-Altar, dessen schmaler, stark überhöhter Aufbau gewiss durch die Raumverhältnisse der alten Kapelle in der Petersbasilika bestimmt war.

Das Werk ist in einem weissen Steinmaterial gearbeitet, das, härter und poröser als die guten Marmorsorten, auch den Charakter der Ausführung bestimmt hat. Durchweg verrät sich der Widerstand des körnigen Stoffes gegen die feinere Behandlung, aber auch eine gewisse Flüchtigkeit, die zu der Annahme zwingt, es sei ziemlich schnell zu einem bestimmten Termine hergestellt worden, d. h. aller Wahrscheinlichkeit nach zur Krönungsfeier Kaiser Sigismunds.

Ganz meisterhaft, allem Andern weit überlegen ist die Grablegung. Der Sarkophag steht vorn, von der Langseite sichtbar, am Rande. Zu Füssen und zu Häupten beugen sich die Träger, ernste bärtige Apostel, den Leichnam ihres Herrn hineinzusenken. Hinter dem Sarge kniet die alte Mutter, — Masaccio's Marienbild in Empoli vergleichbar —, blickt auf den Toten und hebt klagend die Hände, mafsvoll und kümmerlich bei ihrem Abschied. Maria Magdalena dagegen steht hoch aufgerichtet hinter ihr mit ausgebreiteten Armen und lässt in lautem

Wehruf ihren Schmerz ertönen, als riefe sie alle Welt zum Jammer auf. Hastig eilt auch von links ein anderes Weib heran mit einzustimmen, während am Fussende eine Altersgenossin Maria's sich rechtshin wendet, mit beredtem Gestus die Klage zu predigen. Weiter in der Ferne und näher tauchen andre Köpfe auf; ganz rechts aber steht Johannes, der Lieblingsjünger, und bedeckt sein Auge mit Hand und Tuch in stummem Gram. Diese wortlose Gebärde der gebrochenen Verzagtheit und die ehrfürchtige Sorgfalt der Träger, die dem Meister den letzten Liebesdienst erweisen, kontrastieren woltuend mit dem schrillen Zetern der Weiber und steigern die tiefempfundene Scene um den entseelten Körper, der ausgelitten hat und friedlich schlummert, zu ergreifender dramatischer Wirkung.

Wir lernen Donatello in dieser schnell geschaffenen Komposition von einer neuen Seite kennen, begegnen ihm hier zum ersten Mal auf dem Gebiete tragischer Darstellung. Und wer wollte es damals mit ihm aufnehmen an Hoheit des Ausdrucks, an Macht der Empfindung und an einfacher Grösse der Gedanken? Donatello im Jahre 1433, — ein Historienmaler in Relief, bei dem einst Raphael und Michelangelo in die Schule gehen!

Dürfen wir aber vorausblickend auf seine eigenen Schöpfungen späterer Jahre den Wert dieser ersten Grablegung ins Auge fassen, die mafsvolle Harmonie aller Bewegungen und Gesten, die Geschlossenheit und Klarheit der Komposition, den woltuenden Fluss ihrer Linien bei aller Energie, und eine, ich möchte sagen, sophokleische Charakterzeichnung hervorheben, so kann es nicht zweifelhaft sein: diese römische Grablegung verdient vor allen späteren des Meisters den Vorzug. Sie bezeichnet, flach und klein, in ihrer schlichten Anspruchslosigkeit wieder einen Höhepunkt seines Schaffens, in dem ein Kapital für die Nachfolger erobert ward.

An so vornehmer Stelle, wie am Sakramentsaltar von S. Peter musste das seine Wirkung üben. Diese ist in der römischen Skulptur denn auch besonders gross gewesen, wenn auch vorwiegend auf die besser sichtbaren unteren Particen beschränkt. Zumal die zweimal drei Engel an den Seitenpilastern, die anbetend gegen das Gehäuse gewandt sind, wurden bei den Bildhauern Roms, Mino da Fiesole an der Spitze, beliebt, und die Geschichte darf fortan eine so frühe Anregung florentinischer Kunst nicht unberücksichtigt lassen.

Freilich muss zugegeben werden, diese Engel drunten und die stehenden oder lagernden Genien droben erscheinen, wenn auch vielversprechend, doch noch unfrei; — sie verraten wol gar, auch bei billiger Rücksicht auf die Härte des Materials und die Eile der Ausführung, stellenweise Gehülfenarbeit.[1] Aber als Erfindungen sind auch sie wieder die ersten einer Reihe — frische Kinder aus Donatello's Phantasie, die der Genius antiker Kunst erzeugt hat, — und hängen mannichfach und aufs Engste mit wolbekannten Arbeiten in Toscana zusammen. Erinnert die Behandlung des Steines durchweg an das Johannesrelief im Bargello, so führen uns die geflügelten Putten auf Giebel und Simswerk nach Prato hinuber, zu dem reizenden Bronzekapitäl der Kanzel am Dome.

---

1 Die Karyatide oben zu äusserst rechts gleicht den Cherubimköpfen in Montepulciano und am Cosciagrabe; die etwas embryonenhaften Putten am Sockelfries sind nur Steinmetzenarbeit, auch die lagernden Genien nur halbbacken. Einige Teile, besonders Nasen, haben beim Transport gelitten.

Dies kleine Meisterstück echter Renaissancephantasie ist viel zu wenig beachtet worden. Drunten auf dem Eierstab lagern ein Paar prächtige Bübchen: auf den einen Arm gestützt schauen sie munter heraus und halten zwischen sich eine Lorbeerguirlande. Ihre Haltung und dekorative Bestimmung ist an dem Giebel des Ciboriums zu Rom in manchen Stücken genau vorbereitet; nur sind sie die glückliche Vollendung jener halb zaghaften, halb flüchtigen Versuche. - Ueber ihnen auf den Eckvoluten stehen andere Genien in kleinerem Mafsstab, und noch winzigere Elfen schmiegen sich an die Windungen des Ornaments oder stehen auf der Palmette des Rankenwerks, während ein Grösserer mit ausgebreiteten Flügeln neckisch über den Rand des Kapitäls herüberguckt. Sie alle sind unverkennbare Geschwister der Vorhanghalter in Rom; aber hier erst in Prato scheint das Antikenstudium, das Vasari betont, sich wirklich frei und fruchtbar zu belohnen.

Ja, es scheint, zwischen den römischen Versuch und diese reine Lösung in Prato gehört noch ein Uebergang: der bronzene Sockel der Judithgruppe in der Loggia de' Lanzi. Der dreiseitige Untersatz, an den Ecken mit Balustern besetzt, ist an jeder Seite zwischen Pilastern mit einem Relief geschmückt. Eine Maske mit offenem Mund, die sich an der Vorderseite unten am Fuss einer Herme befindet, beweist, dass das Ganze ursprünglich als Zier eines laufenden Brunnens gedacht war. Um die Pansherme in der Mitte jauchzt in festlichem Taumel die bacchische Schaar. Ausgelassene Burschen umtanzen das Bild der fruchtbaren Natur und vollführen eine rauschende Musik oder drängen sich in brünstiger Zärtlichkeit an den Gegenstand der Verehrung, liebkosen den Stein, oder erklettern gar wie ein geflügelter Genius die Büste, um den lächelnden Gott zu umhalsen. Diese nackten jungen Leiber in lebhafter Bewegung wetteifern mit der Antike; aber sie sind in mancher Hinsicht unvollkommen und erscheinen so als nächster Versuch nach den römischen Genien, kühner allerdings und gelungener schon in dem biegsameren Material, in dem sie gearbeitet worden, aber noch nicht so frei behandelt und sicher durchgebildet wie die andern am Bronzekapitäl zu Prato.

Doch auch die anbetenden Engel am Tabernakel in S. Peter haben ihre lustigen Altersgenossen an dem gleichzeitigen Kanzelwerk. Es sind die tanzenden Flügelkinder am »Pulpito della Cintola«. — Dieser Ausbau an der Ecke der Domfassade, von dem aus am höchsten Festtage des Städtchens der Gürtel der Madonna gezeigt wird, war schon am 14. Juli 1428 bei Donatello und Michelozzo in Auftrag gegeben. Die politischen Ereignisse in Florenz, die Verbannung des Cosimo Medici und die Abwesenheit Michelozzo's mit seinem Gönner, wie die Reise Donatello's nach Rom[1]), scheinen die Angelegenheit verzögert zu haben; denn vom 27. Mai 1434 erst datiert ein neuer Contract wegen der Errichtung.

Der architektonische Aufbau — ein Dreiviertelskreis über jenem Bronzekapitäl, auf Konsolengesims, eine Brustwehr um einen Rundpfeiler in der Mitte herumgeführt; neben diesem Eckpfeiler zwei Thüren unter der kassettierten Decke des

---

[1] Er ist im Juli 1433 wieder in Florenz und empfängt den Auftrag zur Sängertribüne im Dom, an der er im Herbst wirklich arbeitet.

weit ausladenden Schirmdachs, — ist eine vorzügliche Leistung des Michelozzo. Die Gliederung der Balustrade in sieben durch Doppelpilaster getrennte Felder, mit reizvoll ornamentiertem Kranzgesims darüber, kommt der plastischen Arbeit Donatello's bestens zu statten. In dieser sichern Umrahmung mag sich nun die jubelnde Bewegung seiner Kinderschaar getrost ergehen. Michelozzo teilt den bacchischen Reigen durch den regelmässigen Takt der Cäsuren. Auf dem goldenen Mosaikgrunde drängen sich je vier oder fünf geflügelte Bübchen, dralle kräftige Figuren in kurzen Hemdchen oder flatternden, durchsichtigen Gewändern, und toben nach den wirbelnden Klängen eines Tambourins in mannichfaltigstem Spiel durcheinander. Es ist eine so ausgelassene Freude, eine so überschäumende Lust in diesen Kleinen, dass man sagen muss, nur Donatello vermochte diesen feurigen Hymnus auf die Wonne des Daseins zu dichten.

Doch darf nicht unbemerkt bleiben, dass die Ausführung dieser kühn erfundenen Reliefs nicht ganz gleichmäfsig ausgefallen ist. Die vorderen drei Felder, der Ecke gerade gegenüber, haben am meisten von Donatello's Hand, die andern zeigen je mehr nach den Enden zu die ausgedehnte Beihülfe der nämlichen Genossen, die wir in Montepulciano am Grabmal Aragazzi unterscheiden konnten.

Dagegen gilt als Werk Michelozzo's allein, wenigstens traditionell, das runde Madonnenrelief am Südthor des Domes von Siena, während ich glaube, eine sorgfältige kritische Analyse muss bei dieser in sich ungleichmäfsigen Arbeit zu dem Resultat gelangen, dass zwei verschiedene Hände daran tätig gewesen. — Die Anlage des Ganzen, die perspektivische Umrahmung des Rundfensters, spricht wie der kannellierte Heiligenschein der Madonna für Michelozzo. Seine härtere und doch fleischigere Formgebung zeigt auch das Kind und die flach gehaltenen Cherubim, in deren Augen überall keine Iris und Pupille eingegraben sind, ganz wie bei seinen Kindern, z. B. dem Tambourinschläger in Prato und bei den Statuen in Montepulciano. Michelozzo's Typus entspräche sogar der Kopf der Madonna, wenn anders jene allegorischen Idealfiguren als solche sein Eigentum wären. Ist es aber nicht vielmehr eine Uebersetzung der Madonna des Jacopo della Quercia von seinem Brunnen in die römische Denkart Donatello's? Die bildnerische Arbeit vollends wird gerade hier seelenvoller, der Ausdruck so gross und majestätisch, dass seine Meisterhand deutlich zu uns redet[1]). Der Schleier vollends, der wirksam über das Haupt gelegt, diesem Frauenbild das Matronenhafte, den weihevollen Ernst verleiht, diese fliessenden Falten, die auf Schultern und Brust herabgehen, sind so frappant charakteristisch für Donatello selbst, dass der Zweifel aufhört, mag auch die nachlässigere Ausführung des Kindes und der Engel, die übrigens auch an Desiderio erinnern, erklärt werden wie es sonst noch möglich scheint. Nun aber vergleiche man diesen Madonnenkopf, dieses Schleiertuch und endlich diesen Unterarm mit dem breiten Gelenk und die Hand daran mit — Donatello's Judith über Holofernes! Die Uebereinstimmung ist doch zu überraschend[2]).

---

[1]) Dass ähnliche Köpfe z. B. in Terracotta vorkommen, darf nicht verleiten, dies Vorbild mit jenen zusammenzuwerfen und ein solches Original als Schulgut zu betrachten.

[2]) Müntz macht auf die Aehnlichkeit der Judith mit der römischen Gefangenen in der Loggia de' Lanzi aufmerksam.

Die grossartige Bronzegruppe gehört nicht in die späteste Zeit Donatello's, wie man wol gemeint hat, auch nicht erst kurz vor den paduanischen Aufenthalt, sondern in die zweite Hälfte der dreissiger Jahre, während welcher die Kanzel in Prato und die Sängertribüne des florentinischen Domes entstanden. Ein genauer Vergleich lässt überzeugend die Spuren der Entwicklung erkennen[1]).

Die Judith war einst, wenn auch mehr wegen der politischen Hintergedanken, die berühmteste Statue Donatello's. Heute beurteilt man sie dagegen vom künstlerischen Standpunkte ungünstiger als sie es verdient. Ihre Aufstellung in der Loggia de' Lanzi ist so wenig vorteilhaft wie nur möglich; denn die Seite, die dem eintretenden Besucher zuerst ins Auge fällt, war an ihrem ursprünglichen Platz im Pal. Medici gewiss am wenigsten sichtbar, und die herabhangenden Beine des Holofernes, — allerdings eine unglückliche Konsequenz des schmalen Sockels — haben dort sicher nicht beleidigt, wie hier.

Zunächst muss die Bedeutung des Werkes als erster Bronzeguss einer grossen Freigruppe gewürdigt werden. Es ist kunstgeschichtlich eine Tat, die ihre Folgen gehabt hat, ein kühner Fortschritt von der Einzelfigur zur lebendigen Verbindung mehrerer Gestalten zu einem Ganzen, welcher dem Künstler erst den Mut geben konnte, das letzte Problem, das Reiterdenkmal zu wagen. Die Schwierigkeiten einer solchen Aufgabe erklären die unleugbaren Schwächen dieser Lösung. Den richtigen Mafsstab zu gewinnen, muss man sie mit der Marmorgruppe am Campanile vergleichen. Da steht Abraham über Isaak, wie hier Judith über Holofernes. Dort aber kniet ein fügsamer Knabe unter der Hand eines gewaltigen Vaters, hier soll ein Weib in frauenhaftem Schmuck den schlaftrunkenen Körper eines starken Mannes regieren. Und während dort die Nische die Rückseite des Bildes verhüllt, sollen hier die beiden erwachsenen Gestalten auf demselben engen Raum ringsum sichtbar sich bewegen. Ja noch eins: bei Abrahams Opfer sinkt die Hand mit dem Messer der höheren Weisung gehorsam, und die angefangene Tat bleibt ungeschehen; bei Judith's heroischem Auftreten sollen wir gewiss werden, dass sie vollzogen wird.

Den Moment der Ausführung selbst konnte der Künstler unter diesen Bedingungen nicht geben. Seine Judith schwingt nicht das Schwert, um das Haupt des Tyrannen vom Halse zu trennen; denn dieser Kopf lehnt gegen ihren Schenkel, und der Hieb würde unfehlbar in ihr eigenes Fleisch gehen. Sie muss den Oberkörper des Sitzenden, den ihr Bein noch stützt, erst sinken lassen. Deshalb greift sie in das lange Haupthaar ihres Opfers, um beim Fall des Rumpfes, den Schopf in der Hand, vor sich her den entscheidenden Streich zu führen. Deshalb hat die Bewegung so viel Aehnlichkeit mit der Abrahams behalten, von der die Erfindung sichtlich ausgegangen ist. Nicht nur der Griff ins Haar, auch die Haltung ihres linken Beines findet ihr Gegenstück dort: Abrahams rechter Fuss ruht auf dem Holzstoss; sie tritt auf das Handgelenk des trunkenen Mannes. Ihr rechter Arm mit dem Schwert ist erhoben; er erscheint lahm, wenn man denkt, er wolle ausholen zum Schlag; aber es ist ein Moment früher, erst die Vorbereitung, eine letzte Pause vor dem Aufblitzen des Willens, der die zweckdienliche Bewegung

---

[1] Auch Cavallucci datiert die Gruppe, aus andern Gründen, auf 1431–36.

aller Gliedmafsen auslöst; denn noch ist nichts in der richtigen Lage. Und das sinnend geneigte Haupt der mutigen Frau, wie der verschleierte Blick verrät uns, dass sie der grausigen Vorstellung des Ablaufs einen Augenblick zagend ins Angesicht schaut. Aber der trotzige Zug um Lippen und Kinn sagt auch zugleich, dass das Herz nicht zurückbebt: sie wird vollziehen, was ihr Volk als Heldentat verehrt. Wie würde uns die reichgeschmückte Schöne vorkommen, stünde sie ausholend zum Todesstreich oder gar mit dem Haupte in der Hand triumphierend da?

Es ist wahr, das Ganze wirkt unglücklich; aber das liegt an den Bedingungen der Aufgabe zumeist. Die realistische Durchbildung der Körper, die liebevolle Behandlung aller Teile, der kostbaren Gewandung mit sämtlichem Beiwerk, selbst des Kissens, dessen Ecken wie ein Weinschlauch überstehen, kann gerade bei der Wahl dieses vorbereitenden Momentes nur das Gefühl wecken, was so viele irreleitet, als solle er wirklich schon die Tat darstellen, während hierzu wieder die dargestellte Bewegung nicht ausreicht.

Statt seiner Heldin scheint uns der Künstler befangen, und doch bedeutet auch für ihn dieser vollendete Guss einen glücklich gelungenen Erfolg. Im Vergleich mit ihm treten Marmorarbeiten, denen man viel mehr Beachtung schenkt, in ihrem Wert für den Meister wie für seine Kunst vollkommen zurück. Ich meine besonders die Rundmedaillons in flachem Relief, die er damals[1]) für den Hof des Palazzo Medici gefertigt, an dem sein Freund Michelozzo seit 1430 beschäftigt war. Es sind vergrösserte Kopieen nach antiken Kameen und geschnittenen Steinen in der Sammlung seines Gönners Cosimo Medici: — Diomedes mit dem Palladium, — ein Faun mit dem Bacchuskinde, — Bacchus vor Ariadne, — der Triumph des Bacchus mit seiner jungen Gemalin, — Daedalus und Ikarus, — Odysseus und Athene, — ein Kentaur mit Siegesbeute, — und ein gefangener Barbar vor einem Feldherrn. Aber was will solche Nachbildung von Antiken für den Entwicklungsgang eines Donatello besagen? — Sein technisches Geschick, die richtige Wirkung herauszubringen, kann sie beweisen, sonst aber hat sie der Kunst nichts genützt.[2])

Weit wichtiger sind die nächstverwandten Reliefs an der Orgelbalustrade des Domes. Zu diesen leitet uns von der Kanzel in Prato her am besten ein schönes Beispiel seiner Flachskulptur im South-Kensington-Museum zu London über: ein Christus im Grabe von zwei trauernden Engelknaben gehalten und drei anderen, in flachstem Relief dahinter, beklagt. Der Körper des Toten ist vortrefflich, mit den beschränkten Mitteln gross und sicher entwickelt: der Kopf erinnert stark an Holofernes, Arm und Hand an die Madonna des Doms von Siena. Die Engel haben die stämmige Bildung, die in Rom vorbereitet, in Prato mannichfaltig ausgestaltet, hier eine typische Festigkeit gewinnt, die dem Wesen antiker

---

[1] Nach Semper, Regesten No. 79, ums Jahr 1436. Sehr nahe steht diesen Arbeiten das Tabernakel an Orsanmichele, in dem Verrocchio's Thomas und Christus stehen. Die Architekturteile gehen natürlich auf Brunellesco, resp. Michelozzo zurück.

[2] Sie sind denn auch der Wirkung an Ort und Stelle zu Liebe technisch anders instrumentiert! Man vergleiche sie deshalb einerseits mit den Embryonen am Sockelfries des Tabernakels von S. Peter, andererseits mit den Kanzelreliefs im Bargello, mit denen wir sie zusammenrücken.

Kunst entspricht. Sie nähern sich darin den Kindern der Sängertribune im Dom, die freilich 1433 bestellt, noch im Januar 1440 nicht ganz vollendet war. Auch hier ein munterer Reigen wie an der Kanzel zu Prato, aber in veränderter, der Örtlichkeit angemessener Redaktion. Dort an der Vorderseite der Kirche geniessen die keck bewegten Gruppen das volle Tageslicht; hier im Dome zu Florenz, im Dämmerschein des Kuppelraumes eingeschlossen, kam es vor Allem darauf an, ihnen deutliche Klarheit zu sichern. Darnach ist die ganze Arbeit berechnet, und heute, wo man sie in einem Saal des Museo Nazionale sieht, wird auch dann nicht der richtige Eindruck wiedergewonnen, wenn man sie in gehöriger Höhe angebracht hat, wie es jetzt im Werk ist. Im hellen Licht erscheinen sie unfertig und roh, während ihre Wirkung im Dome so gelungen wie nur möglich war und ein besonderes Lob Vasari's im Vergleich mit der gegenüberstehenden Leistung des Luca della Robbia veranlasst hat. Demgemäss sind die Kompositionen einfacher gehalten, die einzelnen Gestalten heben sich deutlich von einander ab, und die Hauptlinien der Bewegung bleiben übersichtlich, während der Hintergrund, mit runden Punkten eingestrichener Goldpasta besetzt, sich scheinbar vertieft. Demgemäss ist auch die Behandlung der Körperformen wie der Gewandung möglichst vereinfacht, die Wiedergabe der Haare wie der Gesichtsteile und des Ausdrucks auf die notwendigsten Züge beschränkt, diese jedoch mit einer Intensität hervorgehoben, ja absichtlich übertrieben, dass die übermütig tanzenden, laufenden, hüpfenden Bübchen in ihrem neckischen Treiben mit Gelächter und Geschrei, in unmittelbarer Nähe betrachtet, wie Karikaturen aussehen. — Bei so ausgesprochen dekorativen Rücksichten darf man in diesen Arbeiten das Höchste des Künstlers nicht suchen.

Wie viel grösser erscheint er selbst in dem bescheidenen Werke für Sankt Peter, wo der ganze überwältigende Eindruck der ewigen Stadt als Mittelpunkt der Christenwelt, die Schauer der Andacht in der altehrwürdigen Basilika des Apostelfürsten sich deutlich und fühlbar in seiner Grablegung verkünden. Wie viel grösser ist der Gedankeninhalt und seine Verkörperung in der Judith über Holofernes. Und doch welcher sprudelnde Reichtum der Phantasie ergiesst sich in all diesen Kindergestalten, hier als Genien, dort als Engel, hier fromm verehrend, dort ausgelassen in heidnischer Daseinslust, immer natürlich, wahr, lebendig, niemals kalt, akademisch, konventionell! Unter all den Einflüssen des römischen Altertums bleibt Donatello der originelle Kopf, über den der Trieb banaler Nachahmung, selbst für die Liebhaberei eines Medici, keine Macht hat.

VI

Die höchsten Aufgaben historischer Kunst

Als die Sängertribüne im Dom gegen 1441 endlich fertig geworden, muss die Ausstattung der Sakristei von San Lorenzo in Gemeinschaft mit Brunellesco begonnen haben. Sie nahm eine Weile den Bildner völlig in Anspruch; denn er liess eine glänzende Bestellung wie die Bronzethür der Domsakristei unbenutzt verfallen. Vom Februar 1437 bis 1441 wartete die Behörde der Opera vergebens, da er an der Orgelbühne beschäftigt war, dann zog sie den Auftrag zurück, da er im Dienst der Medici gebunden schien.

Das früheste Werk, das Donatello für die Pfarrkirche dieser Familie geliefert, scheint (nach dem einfachen Grab des Giovanni di Bicci) die Terracottabüste ihres Titelheiligen, S. Lorenzo, die auch in der Sakristei bewahrt wird. Des fortgeschrittenen Charakters dieses Kopfes wird man recht eigentlich inne, wenn man sie mit zwei anderen Heiligenköpfen zusammenhält, deren Reihenfolge uns von früheren Marmorarbeiten zu der neuen Phase überleitet, in die wir nun eintreten.

Der erste ist Johannes der Täufer als Knabe, eine Marmorbüste, die, schon im 16. Jahrhundert durch Sabba da Castiglione ins Collegiatstift nach Faenza gekommen, sich jetzt im Museum daselbst befindet. Es ist ein reizendes Knabenporträt wie die in Casa Martelli. Nur das tief ausgeschnittene Fellkleid, das ärmellos von den schmalen Schultern hängt, kennzeichnet den jugendlichen Propheten. Sonst sitzt auf dem unentwickelten Körper ein florentinischer Kinderkopf mit allen Abzeichen scharf ausgeprägter Familienähnlichkeit, individuellen Besonderheiten, die dem zarten Alter schon einen Anflug bestimmter Persönlichkeit und damit den Schein einer Reife geben, die über die Jahre hinausgeht. Das längliche Oval mit dem kecken Kinn, den scharf geränderten Lippen, der pointierten Nase mit geschwellten Flügeln und den kräftig modellierten Augen hat etwas Unternehmendes, Selbständiges, während die hochgezogenen Brauen, die fast geradlinig erscheinen, und der lange tiefgefurchte Abstand zwischen Nase und Oberlippe mit dem Zug der Mundwinkel in dem kleinen Marquis eine ganz subjektive Stimmung bekunden, die bei dem sonst nicht verlegenen jungen Aristokraten nur melancholische Laune bedeuten kann. So kommt in das frische Köpfchen eine herbere Anmut, als wir bei Durchschnittskindern sehen, und das Interesse für diesen Einen ist gewonnen.[1]

---

[1] Dem Charakter entspricht auch das Haar, das ringsum ziemlich seidenweich und glatt anliegt, über der Stirn aber, in der Mitte, wo alle Gesichtsteile so markiert hervortreten, eine eckige Doppeltolle bildet. Es sei gestattet, hier der noch kindlicheren Büste in Casa Martelli zu gedenken, über die Cavalluci ein paar so liebenswürdige Zeilen geschrieben hat, dass ich mir nicht versagen kann sie anzuführen: »Il modellino non fu semplicemente un oggetto da imitare, un modello di occasione, ma un essere amato, nel rappresentare il quale l'affetto ha raddoppiate le forze, ha sublimata la potenza estetica dell'artista. Il marmo si è piegato obbediente alla volontà dello scultore, si è fatto flessibile, molle come la carne, prestandosi alle finezze più delicate di esecuzione, alle gradua-

Die kindliche Naivität des Ausdrucks teilt der Kopf eines Heiligen, den man wegen der Familienähnlichkeit als Bruder ansprechen möchte. Nur ist er minder individuell eigentümlich, nicht so scharf accentuiert als der vorige; denn Donatello gab ihn dem heiligen Bischof Ludwig von Toulouse, einer Bronzefigur für die Kirche Sta. Croce. Mit der Mitra auf dem Haupt, dem Bischofsstab in der Linken steht er im faltenreichen Chormantel und erteilt den Segen. Die malerische Behandlung des schweren Stoffes ist breiter als in der Judith, nicht mehr so unruhig wie an der Fides am Taufbrunnen in Siena, erinnert aber in den Motiven auffallend an den Auferstandenen vom Grabmal Aragazzi in Montepulciano, den wir Michelozzo zugeteilt.

Ganz der nämliche jugendliche Kopf wie S. Luigi, dem man eine fromme Beschränktheit nachsagt, ist nun aber S. Lorenzo in der Sakristei seiner Kirche. Ein und dasselbe liebenswürdige Modell hat dem Künstler für beide gedient, nur die Haltung ist verschieden und die Technik. Dort der Bronze wegen vereinfacht, geglättet, zusammengehalten, hier in der weichen Thonmasse alle Feinheiten ins Einzelne durchgeführt, selbst die Zufälligkeiten der individuellen Bildung herausgekräuselt, keine Nüance der farbigen Wirkung unterdrückt. Ursprünglich wirklich bemalt, atmet diese Terracottabüste des jungen Märtyrers die frische Unmittelbarkeit des Lebens, wieder ganz so frei wie die Statuen am Campanile, ja noch wärmer, intimer als je zuvor. Das unterscheidet sie wesentlich vom Täufer am Glockenturm, mit dem sie sonst manches gemein hat, und versetzt uns in die Atmosphäre, in der Donatello's Schaffen sich nun bewegt, da er den heimlichen Innenraum, Brunellesco's Sakristei an S. Lorenzo ausschmückt.

Dieser Raum ist ein Kleinod der Frührenaissance, wo Architektur und Plastik in innigstem Einverständnis zusammen wirken. Antonio Manetti erzählt, dass Brunellesco und Donatello die Dekoration im Einklang mit der architektonischen Schöpfung ersonnen haben, ja gelegentlich einmal aneinandergeraten seien, als der Bildhauer das Simswerk seiner Bronzethüren gezeichnet, ohne den Baumeister darum zu fragen.[1] — Der reizende Centralbau mit seinen korinthischen Pilastern an den Wänden, seiner auf Zwickeln ruhenden Fächerkuppel mit Rundfenstern in ihren Schildbogen, und rundbogiger Einrahmung überall, setzt eine reiche Polychromie voraus, deren Reste hier und da noch zu spüren sind.

In den Zwickeln der Kuppel sind Rundmedaillons mit legendarischen Darstellungen, deren perspektivische Behandlung in flachem Relief durch die weisse Tünche natürlich wirkungslos geworden ist. In den Bogenfeldern darunter sind die Rundbilder der vier Evangelisten dagegen »hochbedeutend, ja auch plastisch vom Besten«; sie sitzen in tiefem Sinnen oder in Begeisterung vor Altären, auf welchen ihre bücherhaltenden Thiere stehen. Zu den Seiten der Altarnische sind über den beiden Ausgängen rundbogige Wandfelder mit je zwei lebensgrossen Heiligenfiguren auf farbigem Grunde gefüllt. Hier stehen S. Stephanus und

---

zioni impercettibili delle mezze tinte. Ogni colpo di scalpello risponde alla intenzione dell'artista; ogni accento è una nota che accresce effetto all' armonia generale di una immagine che si direbbe improntata con un bacio e finita con una carezza.«

[1] Vita anonima di Brunellesco, ed. Moreni; derselbe erzählt auch, dass die Sakristei vor dem Tode Brunellesco's 1446 vollendet gewesen sei.

S. Laurentius, dort S. Cosmas und S. Damianus einander gegenüber. Es sind nur flache Stuckreliefs, und doch eine vollendete Belebung der ganzen Gestalt, eine sprechende Charakteristik der Köpfe und der Gebärden, welche die vollste Kraft des Meisters voraussetzen. — Noch grössere Intensität dramatischer Kontraste, noch wirksamere Bewegung begegnet dem aufmerksamen Beschauer an den beiden Bronzethüren darunter. Jede hat zweimal fünf Felder, in denen vierzig Figuren von Aposteln, Evangelisten, Kirchenvätern und andern Heiligen paarweis eingerahmt sind. Die Einfassung ist gleichförmig mit Lorbeerguirlanden und Rosetten ausgelegt, ganz wie an den Seitenpfosten der Grablegung am Tabernakel von S. Peter, und ermüdend scheint auch die Wiederkehr der biblischen Figuren in gleichgearteter Stellung. Wer aber genauer zusieht, wird in diesen flüchtig behandelten Bildchen flachsten Reliefs eine Fülle geistreicher Erfindungen bewundern, lauter wirksame Charaktergestalten, die bald in lebhafter Zwiesprach, bald in stummem Gegensatz die Verschiedenheit ihres Wesens oder die Gemeinschaft ihrer Geister zum Ausdruck bringen.[1]) Mit vollen Händen ist hier den Malern und Bildnern der Folgezeit die Saat des neuen Lebens ausgestreut. Donatello entwickelt die geistreiche Beobachtung, die ergreifende Objektivität, ja den köstlichen Humor eines Shakespeare, und keiner der Jüngeren ist eifriger in diese Schule gegangen als Michelangelo.

Im Jahre 1442 zog Alfons von Aragon als König von Neapel in seine Hauptstadt ein. Mancherlei Anzeichen sprechen dafür, dass Donatello damals den Auftrag erhielt, ein Reiterstandbild des Triumphators zu schaffen, und so veranlasst ward, die höchste Aufgabe statuarischer Kunst ins Auge zu fassen, in der noch kein Renaissancemeister mit dem Altertum zu wetteifern versucht hatte. Des Königs Vertrauen zu dem florentinischen Meister, der einzig dastand, und Donatello's kühnes Wagen würde allein den Ruf nach Padua erklären, wo man 1443 den Beschluss fasste dem Feldherrn Gattamelata eine Reiterstatue zu errichten. Mag auch die Arbeit für Neapel nach den ersten Anläufen liegen geblieben sein, als die lockende Aussicht in Oberitalien sich darbot, oder die Siegesfreude des Aragonesen verraucht war. Erst 1457 nach Toscana zurückgekehrt, mag der alternde Künstler noch Versuche gemacht haben, bis 1458 der Tod Alfons' I dazwischen trat, oder sein Nachfolger Ferdinand durch andere Sorgen davon abgezogen wurde. Die Anfänge der Arbeit sind uns jedoch erhalten, darüber kann wol kein Zweifel sein. Im Jahre 1471 schenkte Lorenzo Magnifico einen Pferdekopf aus Bronze an den Grafen von Maddaloni nach Neapel, wofür der einflussreiche Herr, den Lorenzo zu gewinnen wünschte, sich in einem Briefe vom 12. Juli d. J. bedankt.[2]) Das Werk befindet sich jetzt im Museum zu Neapel, wo es lange genug als Antike gegolten hat. Es ist indessen als Arbeit Donatello's schon durch Vasari's Zeugniss beglaubigt, der es als Eigentum der Maddaloni nennt, und stimmt mit dem Rosse des Gattamelata in Padua in wesentlichen Zügen, dem geöffneten Maul, den geblähten Nüstern und dem Ansatz des Halses, so sehr

---

1) Müntz hat sie a. a. O. p. 57 treffend im Einzelnen charakterisiert.
2) Vgl. Semper, Anhang S. 308 f. Dazu Filangieri, Gazette des Beaux-Arts 1884 p. 15 u. 20, und Müntz a. a. O. S. 72.

überein, dass man annehmen darf, es sei eben ein früherer Versuch die schwierige, der damaligen Skulptur fast völlig neue Aufgabe zu bewältigen. — Als ein andrer Ueberrest dürfte ferner der bronzene Bildnisskopf im Berliner Museum zu betrachten sein, der mit einem eingefeilten Lorbeerkranz als Sieger gekennzeichnet, mit dem Medaillenporträt des Königs Alfons wenigstens soviel Aehnlichkeit aufweist als nötig resp. möglich war, ohne Donatello's persönliche Anwesenheit in Neapel. Der Kopf stammt, soweit man seine Schicksale kennt,[1] ebenfalls aus Privatbesitz in Neapel und zeigt am Nacken noch den Rand eines Harnisch. Man würde also annehmen, dass auch dieses Stück von Donatello als Geschenk der Medici dorthin gekommen sei. Nur trägt es bereits die Merkmale einer späteren Arbeit, an der die Hand seines Schülers Bertoldo glättend, verallgemeinernd, akademisierend mitgewirkt hat. Dagegen findet sich im selben Museum zu Berlin noch eine ältere Version des nämlichen Kopfes, die freilich auch in der Behandlung erkennen lässt, dass wir es nicht mit einem unmittelbar nach dem Leben ausgeführten Bildniss zu tun haben, wol aber als nichts Anderes angesehen werden kann denn als Porträtkopf des Königs Alfons, den Donatello für die Reiterstatue um 1448 entworfen, bevor er nach Padua gieng.

Der Aufenthalt in Padua, der nun folgt, erhält seine Bedeutung durch die siegreiche Lösung der grossen Aufgabe ein ehernes Reiterdenkmal zu schaffen, Aber dieser höchste Triumph der statuarischen Kunst Donatello's erschöpft den Inhalt des Jahrzehntes von 1444 bis 1453 nicht. Neben dem Standbild des Erasmo Gattamelata muss ebenso die fruchtbare Tätigkeit auf dem Gebiete der historischen Darstellung in Relief als eine letzte entscheidende Wendung im Gange des Künstlers gewürdigt werden.

Die Wichtigkeit des Reiterdenkmals ist allgemein anerkannt. Es ist der glücklich erreichte Abschluss eines vielseitigen Strebens, das sichtlich bemüht war, die neue Kunst ebenbürtig der Blüte des Altertums an die Seite zu stellen. Kaum eine merkliche Spur lässt noch die Anstrengung erkennen, die es gekostet. Die Frucht einer zehnjährigen Arbeit steht da wie aus einem Guss, ein vollendetes allseits ausgerundetes und abgeschlossenes Kunstwerk. Ein vollgültiges Abbild des italienischen Condottiere auf seinem Schlachtross tritt uns als einheitliche Erscheinung entgegen. Die gedrungene doch geschmeidige Figur des Feldherrn ist mit dem wuchtigen, feurig schnaubenden Thier wie zu einem unzertrennlichen Wesen verwachsen. Sicher sitzt der Lenker der Schlacht in dem prächtig verzierten Sattel; bequem und doch gebietend bewegt sich die kleine Menschengestalt auf dem Rücken der derberen Kreatur. Eingehüllt in seine stählerne Rüstung, aber entblössten Hauptes, mit dem Commandostab in der nackten Hand, merkt man ihm an, dass er gewohnt ist die Ueberlegenheit seines Geistes walten zu lassen und ungefügige Söldnerschaaren nach seinem Willen zu meistern, wie das ungestüme Ross, das ihn trägt. — Dieses Thier ist neuerdings von den Kennern

---

[1] Bode, Italienische Porträtskulpturen des XV. Jahrhunderts in den königlichen Museen zu Berlin. 1883.

der Pferdeanatomie nicht mit Unrecht getadelt worden: Kopf, Hals und Brust haben allerdings kein richtiges Verhältniss mehr zu dem übrigen Körper; aber die Wirkung des Ganzen ist doch so imposant, so überwältigend grossartig, dass unser Auge kaum dazu gelangt, sich über den wirklichen Mafsstab und das Grössenverhältniss der Teile Rechenschaft zu geben.[1])

Während die Vollendung des Gattamelata sich bis 1453 hinzog, führte Donatello mit seinen zahlreichen Gehülfen und Schülern für die Kirche des heil. Antonius eine Reihe von Statuen aus, die er selbst wol nur in der Hauptsache durchmodelliert hat, während der Bronzeguss den Genossen zufiel. Nicht besser steht es mit den singenden und musizierenden Engeln in Hochrelief, die einzeln oder zu zweien in schmalen Rahmen stehend, offenbar durch das Vorbild des Luca della Robbia an der Orgelbalustrade des Domes zu Florenz bestimmt worden. Nur wenige von diesen drallen Buben zeigen in der Bronzearbeit noch die Hand des vielbeschäftigten Meisters selbst[2]).

Er gewöhnte sich auf diese Weise mehr und mehr, die Eigenart seiner persönlichen Empfindung immer unmittelbarer im Thonmodell zur Geltung zu bringen. Darin liegt auch der Wert der grösseren Reliefs. Obgleich hier Guss und Ciselierung den Hülfskräften anvertraut blieb, die sich sogar durch Namensaufschrift zu erkennen geben, trägt doch die Erfindung der Scenen, die Charakteristik der Personen den Stempel Donatello's. Ja, sie bezeichnen eine ganz besondere Richtung seines Geistes; sie setzen fort was in der Grablegung in Rom unerwartet und überraschend hereingebrochen war, was dann in den Heiligenpaaren der Sakristei von S. Lorenzo nach Befriedigung rang. Hier erst gewinnt er die rechte Gelegenheit wieder, und eine Steigerung seiner Phantasie zum Hochdramatischen ist die Folge.

Nur eins dieser Reliefs im Santo gehört der ruhigeren Tonart religiöser Stimmung an: die Pietà am Altare der Familienkapelle des Erasmo Gattamelata, die zum Vergleich mit jenem Marmorwerk im South Kensington Museum auffordert. Es ist die Halbfigur eines Christus im Grabe, ernst und würdig, von trefflicher Bildung des Leibes, begleitet von zwei stehenden Engelknaben, die in leichtem Gewande einen Teppich hinter der Gestalt emporhalten, während sie die andere Hand in kummervoller Gebärde an die Augen erheben. Die Formgebung erinnert noch sehr deutlich an jenes frühere Relief, und die mildere Hoheit der Auffassung ist das Vorbild der Bellini geworden, die damals den Schmuck der Kapelle mit ihren Malereien vollendeten.

---

1) Paolo Giovio schreibt in den Elogia Virorum bellica virtute illustrium äusserst lobend: »Veneti eum (Gattamelatam) aenea equestri statua honestandum censuerunt curaruntque faciendam ingenio praestantissimi eius aetatis statuarii, cui Donatello Florentino nomen fuit. Hic antiquorum artem decenter aemulatus, absolutae pulchritudinis statuam armati equitis militare tenentis sceptrum elegantissime perfecit, quam hodie eruditi artifices admirantur Patavii collocatam in ea area, quae Antoniani templi frontem aspicit«. An anderer Stelle vergleicht er Verrocchio's Colleoni mit Donatello's Werk und nennt die Statue in Venedig »Patavina quidem magnitudine grandiorem et luculentam, sed nequaquam pari Verroci artificis felicitate fabrefactam«.

2. So haben z. B. der Harfenspieler (Alinari 16276), der Lautenspieler (16277 und der Geiger (16404) drei Köpfe bei Müntz p. 5 u. 83) kaum noch etwas mit Donatello zu tun. Sie stehen den Putten der Squarcioneschüler in der Eremitanikirche näher. Niccolò Pizzolo war Garzone Donatello's.

Dagegen bricht die individuellste, leidenschaftliche Erregung in historischen Darstellungen der Legende ungehindert durch. Die Wunder des heiligen Antonius werden uns hier in länglichen Friesstücken erzählt. Das Relief ist flach gehalten, geht aber durch perspektivische Wiedergabe der Räumlichkeit scheinbar weit in die Tiefe. Dagegen ist fast durchgehends die gleiche Kopfhöhe bewahrt, und die Figuren schieben sich nicht in verschiedenem Mafsstab auf höherem oder niederem Terrain doch auf der nämlichen Bildfläche übereinander, wie bei Lorenzo Ghiberti an den Pforten des Paradieses. Nur ein Hauptvorgang nimmt die Mitte ein; aber der Eindruck reflektiert sich in mancherlei Weise durch das bunte Gedränge der zufälligen Umgebung hin.

Hier öffnet sich eine Kirche: die erste Arkade nach der Eingangswand mit Mittelportal und den Seitenthüren zeigt sich in drei Schiffen, gleichsam im Querschnitt, mit Blendbogen als Wandgliederung und Madonnenbild im Tympanon, nach vorn aber wie eine Loggia behandelt, mit Sockeln unten an den Pfeilern und Zierstreifen droben am geraden Gebälk. Im Mittelraum sehen wir, wie Antonius von Padua einem Säugling verständliche Sprache leiht, um für die Unschuld der Mutter Zeugniss abzulegen. Er reicht soeben der jungen Frau das Kind zurück, während ein brünstiger Verehrer, vielleicht der reuige Vater, der fälschlich sein Weib verklagt hat, anbetend in die Kniee sinkt. Rechts und links stehen die Zuhörer dicht gedrängt in gespannter Teilnahme. Links eine Schaar junger Männer, paduanische Pflastertreter oder flotte Studenten in enganliegendem Kostüm mit dem kurzen, an beiden Seiten offenen Kittel darüber, prächtige Gestalten, die den Schönheitssinn des Bildhauers herausfordern mussten. Der Eine hat den Pfeilersockel erstiegen um besser zu sehen, und neugierig schiebt sich ein Krieger in voller Rüstung durch das Seitenthor. Drüben führen die Weiber das Wort: hinter den nächsten Gevatterinnen kommen die Damen der Halle, denen in der Eile das Kleid bis auf den Gürtel herabgeglitten scheint, ein altes Mütterchen kauert als ständiger Kirchengast in der Ecke und muss der Nachbarin erzählen, die sich, aufs Postament gestützt, herüberbeugt, während Andere durcheinander eilen und eine Magd mit den Wassereimern ihrer Arbeit gedenkt, befriedigt von dannen geht, am Brunnen als Erste die Neuigkeit auszuposaunen. Das Wunder des Heiligen, das an sich kaum anschaulich darzustellen war, ist zum Anstoss für die reichste Bewegung geworden.

Wie die Wellenkreise ringsum den Fall ins Wasser verkünden, so erkennen wir in der nächsten Darstellung, dass ein überraschendes Ereigniss geschehen, an dem Gewoge der Zuschauermenge, das vom Centrum ausgeht. Ein Jüngling liegt am Boden, von einem Manne gestützt; das nackte Bein, das der Helfer emporhebt, wird auch vom Heiligen erfasst, der eifrig gegenüber kniet. Er heilt den Burschen, der in Reue über eine zornige Tat gegen seine Mutter, sich eigenhändig den Fuss abgeschlagen hatte. — Mönche und Frauen haben sich mit dem Heiligen zur Erde geworfen und folgen betend oder staunend dem Wunder. Eine Männerschaar verschiedenen Alters steht ihnen gegenüber in lebhaftester Aeusserung ihres Anteils, und in der Tiefe öffnet sich die Arena eines Theaters mit seinen Stufenreihen und Neugierigen an der Balustrade. Links und rechts abermals Treppen benachbarter Häuser mit auf- und niedersteigenden Menschen.

Rechts ein bärtiger Mann, der die eine Hand auf den Schmerbauch legt und die andere auf die Hüfte presst, ein behäbiger Bürger, wie ihn Giotto liebt; — drüben ein junges Weib hochaufgerichtet mit ihrem ungeduldigen Knäblein, das vorwärts drängt; ein mühsam schreitender Bettler, eine schwatzende Zofe mit dem Spinnrocken, und daneben im Vordergrunde drei ruhende Gestalten, als hätte der Künstler antike Marmorwerke hierher geschoben: eine verschleierte Matrone sitzt weinend wie Penelope, eine junge Nymphe lagert wie Kleopatra anmutig bewegt auf einem Steinbett und erhebt den Arm im Gespräch zu dem bekränzten Flussgott, der hinter ihr herüberschaut.

Sind hier wenigstens einzelne Erscheinungen aus dem Vorrat antiker Statuen entlehnt, die dem Meister z. B. in Rom oder in der Sammlung des Francesco Squarcione zu Padua bekannt geworden, so tritt der Einfluss der antiken Kunst noch stärker in einem dritten Relief hervor, das die Scene mit dem hungrigen Esel enthält. Schon der Schauplatz zeigt den Versuch ein bekanntes Bauwerk des alten Rom im Sinne der Renaissance zu restaurieren. Wir blicken in das dreifache Tonnengewölbe des sogenannten »Tempio della Pace« am Forum, oder einer ähnlichen Ruine kaiserlicher Thermen hinein. Die Pfeiler sind mit Pilastern geschmückt, die Archivolten profiliert und am Scheitel mit Volute besetzt, in den Zwickeln nach Analogie der Triumphbogen Genien oder Victorien mit Fackeln und Posaunen angebracht. Die drei Bogenöffnungen der Hinterwand sind mit doppeltem Bronzegitter geschlossen. Doch das Alles sind antiquarische Liebhaberstückchen, die Donatello's Sinn wenig entsprechen, vielmehr den Einfluss archäologischer Gelehrsamkeit, der Studien im Atelier Squarcione's verraten. Im Mittelschiff aber steht der Altar, an dem der Heilige fungiert und eben im Begriff ist, dem hungrigen Esel die geweihte Hostie zu reichen. Das Thier jedoch, statt sie zu nehmen, kniet auf der Stufe nieder und verharrt in Reverenz, zum Staunen der Landleute, die Brod und Garben herbeitragen. Beide Nebenschiffe sind mit Andächtigen erfüllt, die mit steigender Verwunderung sich an die Pfeiler schmiegen, ja die Sockel ersteigen, um besser zu schauen. Links stehen Männer oder knieen auf einen Stab gestützt; eine Matrone hält ein ungeduldiges Kind an der Hand, und ein Jüngling harrt zagend an der Thür, ein Genosse aber eilt vorwärts, dass ihm das Tuch übers Haupt weht. Der Eilende wird nur vom Rücken in Profilbewegung sichtbar und gemahnt an antike Vorbilder wie die Rossebändiger von Montecavallo. Auch eine staunende Frau, die sich leise vorneigt, scheint ähnlicher Herkunft. Zum Centrum der Handlung kehrt sich Alles auch auf dieser Seite: ein nackter Mann in leichtem Kittel beugt ein Knie, ein lebhaftes Weib erhebt die Hand an den Kopf, als griffe sie ins Haar. Die ganze Komposition ist einheitlicher, die Gruppen und Gestalten klarer gesondert, die Bewegung gemässigt, die Typen schöner und vor Allem die Gewandung fliessend und weich wie die Antike.

Wer übergieng so glättend und harmonisierend die Erfindung Donatello's? Ist doch die letzte Geschichte wieder viel bewegter. Antonius predigt vor der Kirche, deren Hauptportal in der Mitte gesehen wird, von der Hartherzigkeit der Reichen. »Wo aber sein Schatz ist, da ist auch sein Herz«. — Soeben kommt ein Leichenzug vorüber, aus der Kirche her mit Kreuz und Fackeln, und auf der

Bahre liegt ein reicher Mann. »Seht, spricht Antonius, ob ich recht gesagt! Wenn ihr seine Seite öffnet und sucht nach seinem Herzen, so findet ihr keines, — sondern daheim in seinen Truhen zwischen dem Gelde«. — Man tut nach seinem Wink, und sieh, er hat Recht. Die Menge der Hörer drängt sich um den Leichnam; vergebens sucht man in seiner Brust, und erschüttert stürzen sie auf die Knie, den Heiligen anzubeten, reuig seinem Mahnruf zu folgen. Hüben und drüben öffnen sich die Häuser der Strasse, flachgedeckte Hallen, Vorbaue, Bogenthore, — trotz dem schwachen Relief eine mannichfaltige Perspektive. Links ist die Auffindung des Herzens im Schatzkasten des Reichen geschildert, rechts sind Neugierige auf ein Podium geklettert, und Einer schaut dem Andern über die Schulter, während erregte Leute, die soeben noch zugehört, mit ihren ängstlich gewordenen Kindern davongehn[1].

Wo wären damals, um 1450, historische Darstellungen von solcher Lebendigkeit und packend dramatischer Wirkung wie diese Bronzegemälde Donatello's? Das Einzige, was von Ihresgleichen herbeigezogen werden könnte, wäre Ghibertis Wunder des heiligen Zenobius an der Arca im Dom zu Florenz. Aber davon kommt man bald zurück und sucht bei den Malern annähernd die Fülle des Ausdrucks, der sprechenden Mimik. Aber Masaccio ist zu früh gestorben, ehe dieses Bedürfniss in der Luft lag, und wir sehen nur, in welcher Richtung er sich nach der Auferweckung des Königssohnes hätte entwickeln mögen. Fra Filippo besitzt davon sehr wenig, und wir müssen wol warten bis Botticelli. Wirklich ist es Donatello, der die neue Anregung schafft, in diesen Gemälden wieder ein Kapital für die folgenden Generationen niederlegt. —

Denn Gemälde sind es; sieht man sie recht, entbehrt man kaum die Farbe. Donatello hat freilich vollbewusst der Versuchung widerstanden, wie Ghiberti zur Schilderung landschaftlicher Umgebung und malerischer Fernen zu greifen. Seine Gestalten, in wenig Reihen hintereinander geordnet, heben sich deutlich genug von der Grundfläche ab. Der architektonischen Scenerie, die als willkommener Rahmen hätte dienen können, ist jedoch eine grössere Mitwirkung gestattet. Eingehend perspektivisch durchgeführt, will die Räumlichkeit zu viel ausmachen. Sie ist wahrheitsgetreu und ausführlich geschildert, wie es sich für Gemälde ziemt; sie beunruhigt die Haltung des Reliefs, die einheitliche Geschlossenheit der Figurenmenge, deren Handlung und Gebärdensprache uns schon lebhaft genug ins Einzelne zieht. Aber man muss sich auch fragen, was wäre in strengerem Reliefstil aus diesen Wundern des heil. Antonius geworden? Ein Blick auf die Leistungen klassischer Cinquecentisten in der Prunkkapelle des Santo belehrt uns. Brutale Handgreiflichkeit, und doch weder deutlich noch wirksam. Donatello's Scenen er-

---

[1] Rob. Vischer hat in seinen Studien zur Kunstgeschichte S. 109 auf die Uebereinstimmung der Gruppe an der Bahre Niederknieender mit einer solchen Gruppe in Raphael's Disputa aufmerksam gemacht, wie auf das Motiv emporgekletterter oder am Pfeiler sich anschmiegender Zuschauer hier, wie beim Zeugniss des neugeborenen Kindes. Man könnte hinzufügen, dass am Tympanon die Maria mit Kind Raphael's Madonna Tempi entspricht, dass bei der Predigt über die Hartherzigkeit rechts ein bärtiger Alter mit Stab in Profil nach links genau so auf der Schule von Athen vorkommt, und zwar ist es der rechts eintretende, sogenannte ägyptische Arzt mit weissem Kopftuch. — Trotzdem möchte ich Vischer's Schluss, dass Raphael selbst in Padua gewesen, nicht acceptiren, bevor nicht untersucht worden, wie weit hier gemeinsame Vorbilder zu Grunde liegen.

greifen uns wahrhaft, und nur die Unterschlagung des natürlichen Causalnexus, die solchen Mirakeln eigen ist, hat seine künstlerische Phantasie verhindert, vollen einheitlichen Zusammenhang in jedem Bilde zu erreichen. Indess waren es doch wenigstens momentane Effektstücke, nicht blosse Ceremonien, wie sie Raphael gelegentlich zugemutet wurden.

Was hier mit dem Aufwand aufgestachelter Erfindungsgabe geleistet worden, kommt recht zum Bewusstsein, wo wir den Künstler wieder vor die einfach grossen Aufgaben gestellt sehen. Das Höchste an dramatischer Kraft concentrirt Donatello in der Grablegung Christi, einem Stuckrelief hoch über einer Thür der Chorschranken, das uns eigentlich erst jetzt durch die Photographie wieder zugänglich geworden ist. In niedriger, wenig geräumiger Grabkammer drängt sich das Zusammenspiel von acht Personen um den Toten. Der Sarkophag nimmt fast die ganze Breite ein, und zwischen ihm und der Hinterwand bleibt wenig Platz. Zwei starke Männer fassen den Leichnam über Brust und Knie, im Begriff den lastenden Körper in sein steinernes Bett zu senken. Zu Häupten und zu Füssen sind zwei andere Jünger nur beschäftigt das Linnentuch um die Glieder zu ziehen oder den überhangenden Kopf damit zu stützen. Hinter den eifrig besorgten Trägern, die in ernster Trauer ihre Arbeit tun, brechen die klagenden Frauen in lauten Jammer aus. Sie breiten ihre Arme in die Luft oder raufen sich das Haar, fast Mänaden gleich; nur Eine legt die Hand an ihre Wange und scheint verzweifelnd gen Himmel zu blicken. Es ist eine wunderbare Energie gemeinsamer Action in dieser Scene, ein hoch gesteigertes theatralisches Pathos und doch ergreifende Wahrheit. Gewiss ist kein anderes Stück im Santo so völlig eigenhändige Arbeit Donatello's wie dieses.[1]) Auf einen verwandten Geist wie Mantegna musste es gleich einer persönlichen Offenbarung wirken.

Der Wandlung im Innersten des Künstlers inne zu werden, ist nichts so geeignet, als ein Umschauen nach der ersten Darstellung desselben Gegenstandes, die wir von ihm besitzen. Wie gewaltig schon brach zwanzig Jahre früher seine tragische Poesie in der Grablegung in St. Peter hervor. Und doch welche Steigerung in der Intensität des Ausdrucks, in dem Aufwand wirksamer Mittel. Dort noch harmonische Bewegung, mafsvolle Wehmut um den Toten im Vordergrund, alle lebhafte Aeusserung des Schmerzes in die zweite Reihe verlegt. Hier körperliche Action auf beiden Linien, selbst der Leichnam mit davon ergriffen; die physische Anstrengung vorn bereits so drastisch gegeben, dass dahinter nur noch die stärkste Instrumentation des Seelischen durchdringen kann. Es ist ein erschütterndes Miserere ohne Versöhnung in sich selbst, ein Fortissimo, das durch Mark und Bein geht, aber nur als Teil eines grösseren Ganzen ertragen werden kann.

So haben diese Bronzegemälde in Padua dem Meister, der unbekümmert um die geduldige Mühe der technischen Herstellung schaffen durfte, gerade durch die Unmittelbarkeit gestattet, seine Phantasie in all ihrem Reichtum mit dem energischen Wesen seines persönlichen Charakters zu offenbaren. Sie sind einzig in ihrer Art an dramatischem Gehalt und finden rein als Erfindung aufgefasst, erst im vollen Zuge der Hochrenaissance einigermafsen Ihresgleichen.

---

[1] Reicher und noch lebhafter bewegt ist die Grablegung der Ambraser Sammlung zu Wien, aber nicht eigenhändig ausgeführt. Pantomimisch sehr beachtenswert.

VII

Die Letztlinge und das Wesen seiner Kunst

Einzelgestalten asketischer Heiligen führen uns auf Umwegen aus Oberitalien in die Heimat nach Toscana zurück. Ein Johannes der Täufer in der Frarikirche zu Venedig und ein büssender Hieronymus in der Bibliothek zu Faenza bezeichnen den Anfang und das Ende seines Aufenthalts in den nordöstlichen Landen; beide aber sind durch moderne Uebermalung arg entstellt.[1]) Dagegen trägt die Magdalena im Baptisterium zu Florenz den paduanischen Charakter mitten in die Vaterstadt hinein. Sie schliesst sich den Typen der Grablegung im Santo am nächsten an und ist sicher erst nach Donatello's Heimkehr, um 1457 entstanden.

Es ist nur noch das Jammerbild einer Tochter Eva's, und die Unterschrift »Dilexit multum« klingt fast wie Hohn. Der Körper ist zum länglichen Viereck abgemagert, und die Haare hängen wie ein zottiges Hemd um die Lenden. Arme und Beine sind dürr, nur noch Haut und Knochen; die eingefallenen Wangen mit den hohlen Augen und dem halbgeöffneten Munde predigen fieberhafte Ekstase. Dies weibliche Wesen kann nur noch Mitleid wecken, ja höchstens ein Grausen.

Der bemalten Holzfigur im Baptisterium zu Florenz schliesst sich dann die Bronzestatue im Dom von Siena zeitlich wie stilistisch ohne viel Umschweife an. Die Unterschiede liegen mehr in der Technik als in der Auffassung. Auch hier ist es der Wüstenmensch, der verwahrloste, zum Skelett fast abgemagerte Visionär, der uns in seinem Thierfell entgegentritt. Unter der ledernen Haut, die das Knochengerüst zusammenhält, pulsieren krampfig geschwollene Adern und zeugen, wie seine tiefliegenden Augen, seine hastigen Bewegungen von der nervösen Natur dieses aufgeregten Predigers.[2])

Kein Wunder, dass die letzten Lebensjahre des Meisters in Florenz wieder der Modellierung dramatischer Scenen für Bronzereliefs gewidmet waren. Denn hier war es der vielgeübten Hand noch möglich Form und Ausdruck sicher in den bildsamen Stoff zu prägen, während seine Körperkraft nicht mehr ausreichte den Marmor mit den Hieben des Meissels zu bewältigen. Allmählich jedoch versagte auch die Schärfe des Auges, als der fünfundsiebzigjährige Greis den letzten Schmuck für die Kirche San Lorenzo zu vollenden strebte. Dennoch kam unter Beihülfe seines Schülers und Freundes Bertoldo eine Reihe von Reliefs für die beiden Kanzeln zu Stande.[3])

Christus vor dem Hohepriester und vor Pilatus, die Kreuzigung, die Kreuz-

---

1. Die Behandlung des Lendentuchs und die gestreckten Proportionen des Hieronymus in Faenza haben freilich neben der Eleganz in Händen und Beinen mir jedesmal Bedenken erweckt. Jedenfalls ist die Ueberarbeitung des Restaurators viel daran Schuld.

2) Hierher gehört auch der Crucifixus in S. Lorenzo (Alinari 16199), wo wirklich der am Kreuz verschmachtete Judenkönig mit eingefallenen Augen, herabgesunkener Kinnlade und grossem offenen Munde dargestellt ist.

3 Von Bertoldo allein sind die Verzierungen am Fries und Gesimse, auch ganze Darstellungen, wie das Martyrium des heil. Laurentius.

abnahme, die Höllenfahrt, die Auferstehung und die Himmelfahrt sind die Hauptdarstellungen, die ersteren ganz paduanisch in der Entfaltung des Raumes, der darin aufgestellten Figuren und der Anordnung, die letzteren gedrängt und rahmenlos, unplastisch. In der Kreuzigung sind nur die Hauptfiguren von Donatello, besonders die Klage der Frauen und des Johannes ergreifend gegeben. Bei der Abnahme des Leichnams vom Kreuz bildet die trefflich aufgebaute Mittelgruppe mit Maria eine edle, mafsvolle Pietà für sich; aber laut jammernd stürzen die Klageweiber herzu und Magdalena rauft Haar und Gewand in wilder Verzweiflung. Im Vergleich mit diesen in sich unfertigen Darstellungen muss einer Bronzetafel mit der Kreuzigung, die aus dem Besitz der Medici stammend, sich jetzt im Bargello befindet, entschieden der Vorzug zuerkannt werden. Die seltsame Verballhornisierung durch aufgesetzte Goldstreifen, Knöpfe, gemusterte Einsätze und getriebene Ornamente in Rüstung und Kleidung aller Personen stört den ursprünglichen Charakter so empfindlich, dass man diese bäurische Geschmacksverirrung nur einem Schüler geringer Art zutrauen darf. Erst die Photographie, welche die grelle Buntheit zurücktreten lässt, gestattet heute ein billiges Urteil über den Wert der Komposition. Darnach können die Figuren des Vordergrundes, die klagenden Frauen, Johannes in stillem Weh und die stumm in Trübsal versenkte Mutter des Gekreuzigten nur von Donatello herrühren. Daneben ist der linksher kommende junge Schildknappe, der, mit leichtem Schurz, den nackten Rücken, Arm und Bein, wie den schönen nach rückwärts gewendeten Kopf dem Blick des Beschauers darbietet, wie die vortrefflichen Pferdeköpfe mit ihren römischen Reitern von klassischem Geist beseelt. Ganz vorzüglich auch der wenig bekleidete Henkersknecht, der auf einer Leiter stehend dem Schächer die Beine zerschlägt. Ein junger Kriegsmann links oben ganz im Sinne Mantegnas aufgefasst. Ich muss gestehen, ich sehe in dieser tieferregten Komposition den entschiedensten Nachklang der paduanischen Zeit des Meisters, mag auch die Ausführung der Bronzetafel nicht von ihm selber, sondern unter seinen Augen von Bertoldo vollendet sein. Sie hat trotz der späteren Entstellung noch mehr Anspruch auf Wertschätzung als Vieles an den Ambonen von S. Lorenzo.

Freilich ist auch dort noch mancher gewaltige Zug ein Zeugniss der echten Künstlerphantasie, wol das Gedränge und die Sehnsucht um den Erlöser, der mit kräftiger Hand in der Vorhölle eindringt, mit drastischer Wucht gegeben; aber bei der Auferstehung ist wieder nur Christus selbst von Donatello, einem Lazarus und Johannes Baptista ähnlicher als dem göttlichen Sieger über den Tod: in der Auffahrt mehr ein Emporwachsen des Einen aus der dichtgeschaarten Menge der Knieenden dargestellt, und seltsam auch hier der Christus greisenhaft und hässlich, wie ein Prophet des alten Bundes! — Denn Donatello selbst ist alt geworden, nur noch eine gebrechliche Ruine, und die Hände wie die Augen, die dem feurigen Geiste sonst so vollen Ausdruck verschafft, sie wollen nicht mehr, und die alte Seele stirbt ab. Unwillkürlich, wenn man diese letzten Ausbrüche der schöpferischen Kraft so zusehends erlahmen sieht, steigt die Vorstellung eines ausgebrannten Kraters auf. Und wenden wir uns um, er ist erloschen.

Am 13. Dezember 1466 erlag Donatello seinen achtzig Jahren.

Blickt man zurück auf dieses reiche Künstlerleben, so glaubt man wol, die erste Hälfte des XV. Jahrhunderts gehöre nur ihm allein. Donatello scheint der Erstgeborne des Quattrocento; und wenn er es eigentlich nicht war, so hat er doch die geistigen Gaben und die schöpferische Kraft dazu, die das Recht verleihen. Der ganze Segen des Hauses ruht auf ihm. Brunellesco ist freilich der Aeltere, aber er ist Architekt, und die Baukunst spricht nicht so unmittelbar und leichtverständlich; die Zahl seiner Werke, die das Neue darstellen und es fortpflanzen konnten, blieb klein. Lorenzo Ghiberti ist ein fruchtbarer Kopf, aber sein erster Triumph wird zum Verhängniss; er bannt ihn in enge Bahn, und sein Leben verläuft im Dienste einer Spezialität, der Reliefkunst, neben der seine zahmen Statuen kaum in Betracht kommen. Masaccio stirbt früh. Donatello aber schreitet von Sieg zu Sieg, zeugt bis ins höchste Alter wie ein echter Patriarch, und bevölkert das Land mit einem Geschlecht von Statuen, die alle Vorstellungen neu illustrieren. Seine Phantasie beherrscht in Kurzem das ganze Gebiet der bildenden Kunst, die Maler nicht minder als die eigene Zunft.

Jeder Künstler, der grösste wie der kleinste, ist der Sohn seiner Zeit.[1]) Ihm aber wohnt der Geist seines Jahrhunderts inne wie kaum einem zweiten; — oder ist er der Genius, der seiner mitlebenden und der nachfolgenden Generation die Eigenart seines Denkens und Fühlens aufprägt? Altertum und Mittelalter haben an seiner Wiege gesessen, haben ihre Gaben gespendet, ihre Lieder gesungen und um die Wette seine ersten Ideen bestimmt, um ihn schliesslich einander streitig zu machen. Aber keins von beiden hat ihn gewonnen: denn es war ein Kind der neuen Zeit, ja ein Streiter des modernen Geistes, der, aus beiden erwachsen, von beiden erzogen, von dem Einen nicht lassen kann um im Andern aufzugehen, eben ein Neues ist, das sich von allem Früheren unterscheidet. Und käme es darauf an, ihm als Heros eine Mythe oder als Heiligen eine Legende zu erdichten, so könnte man seine Kindheit mit dem Märchen von Herakles schmücken, der als Knäblein schon zwei Drachen überwand; denn er hat mit der heidnischen Antike wie mit dem christlichen Mittelalter gerungen, um sich selber durchzusetzen, wie eben er geartet war.

Seine Liebe gehört der grossen Mutter Natur, die ihm seine Kraft gegeben, und mit ihr lebt er in innigem Einvernehmen. Der Geist des Jahrhunderts aber impfte ihm die Sehnsucht nach der echten, wahren Kunst ein, die frei von fremdher aufgeladenen Fesseln, in sich selber gegründet, zu schaffen wagt, und dies zu erreichen wird die Leidenschaft seines Lebens. Zu einer Zeit, wo wie damals ein neuer Gedanke im Centrum des allgemeinen Bewusstseins stand, wo das Individuum sich auf sich selber besinnt, und die Idee des freien Menschentums alle Gemüter durchglüht, da gilt vor Allem die alte Erfahrung »der grösste Gegenstand der Kunst bleibt doch immer der Mensch.«

Die Freude am Menschen aber ist die Seele der Plastik. Der Mensch im vollen frischen Genuss seines selbständigen Wesens, in seiner unabhängigen und angebrochenen Existenz ist der Vorwurf, den sie in nimmer ersättigter Lust

---

[1] Ich nehme im Folgenden auf die feinsinnigen Bemerkungen von Burckhardt und Müntz besondere Rücksicht, weil ich im Wesentlichen vielfach andere Auffassung vertreten muss.

behandelt. Also ist auch die Darstellung des Menschen diesem echten Sohn des Quattrocento die Hauptsache aller Kunst, eine grosse Skulptur zur Verherrlichung dieses Wertes sein einziges Ziel, und der Mensch so ausschliesslich sein Gegenstand, dass er fast nichts daneben zu kennen scheint.

Aus dem hohen Bewusstsein des Menschentums folgt jedoch mit notwendiger Consequenz eine tiefgehende Unterscheidung von Allem, was die frühere Zeit als Bildwerk hingestellt hatte. Die kirchliche Kunst des Mittelalters kennt das Einzelwesen nur als Glied der grossen, streng organisierten Christenheit: der Eigenwille ist gebrochen, im Dienste des gemeinsamen höheren Ideales, das als erstes Gebot den Verzicht auf jede selbstgefällige Besonderheit fordert, gleiche Bruderliebe und Selbstentäusserung von Allen für Alle verlangt. Demut und Hingebung, Sanftmut und Gehorsam, ja Zerknirschung und Weltflucht sind ihre Tugenden. Deshalb sind alle Figuren, die diesen Geist adäquat zum Ausdruck bringen, in sich geknickt, sehnsüchtig gewunden, aufstrebend emporgestreckt, nach der Vorschrift ihrer Stelle im vielgliedrigen Bau der Kirche gebogen. Dagegen empört sich der neue Sinn, der die Wonne des Daseins kennt und den Wert des Individuums über Alles schätzt. Deshalb richten sich alle Gestalten auf, wollen nun feststehen auf den eigenen Füssen, sich gerade halten, wie sie gewachsen sind, in die Breite gehen, wie's ihnen gefällt, und sich nicht mehr nach dem engen Gehäuse schmiegen. Die schlanken Heiligen, deren frommer Schwung ihnen bisher nur ihren Schwerpunkt verrückt hatte, sollen ihr Gleichgewicht wiederfinden, alles überirdische, halb schon verklärte Wesen abtun, um vor allen Dingen Mensch zu werden. — »Auf, lasst uns Menschen machen«, ist das Losungswort der neuen Künstlergeneration, und in diesem Sinne darf wirklich von einer »Wiedergeburt«, die nun begann, gesprochen werden. Apostel und Propheten, heilige Jungfrauen und Märtyrer, ja die Personen der dreifaltigen Gottheit selbst werden als menschliche Individuen dargestellt. Wol hat dabei der Blick auf die Kunst der Heidenwelt befreiend mitgewirkt; aber nicht sowol die Vollkommenheit ihrer Götterbilder wird ins Auge gefasst, als vielmehr die glücklich unbefangene Freude an der Menschengestalt in ihrer nackten Schönheit, ihrer selbstbewussten Haltung und Kraft. Ja, von der allgemeinen typischen Schönheit der Antike, von aller Anwandlung das Gattungsideal als solches zu verherrlichen, trennt diese Geister des Quattrocento die ausgebildete Subjektivität ihres Fühlens und Denkens, die Intensität ihrer persönlichen Eigenart. Sobald es sich um die Darstellung einer einzelnen Person handelt, da wird dies Wesen zum Individuum, das um so vollkommener, um so schöner nach dem Herzen der Zeit erscheint, je energischer es seinen besonderen Charakter zur Schau stellt.

Darin liegen die Grundzüge für die statuarische Kunst Donatello's vorgezeichnet. Und er bringt dieses Programm so rein und unverkümmert zur Verwirklichung, weil sich in ihm die volle schöpferische Potenz mit einer Lauterkeit der Gesinnung, einer naiven, grundehrlichen Aufrichtigkeit und Wahrheitsliebe verbindet, die seinen Werken fast die objektive Gültigkeit von Naturgebilden leiht.

Er tritt der Natur ganz unbefangen gegenüber und kann gar nicht anders als sie zur alleinigen Grundlage seiner Arbeit machen. Weil sein eigenes Wesen so von heiliger Einfachheit durchdrungen ist, spiegelt sich in ihm die reiche

Mannichfaltigkeit des Wirklichen, das er mit aller Innigkeit in sich aufnimmt und mit treuem Eifer wiederzugeben sucht. Deshalb scheint ihm Alles darstellbar, was da ist, und darstellungswert, weil es eben ist. Deshalb weist die lange Reihe seiner Statuen eine solche Verschiedenheit unter sich auf, wie die Erscheinungen der Menschenwelt selbst. Es kann nicht anders sein: denn die Natur, deren Wesen die Varietät der Arten mit sich bringt, führt notwendig den, der sie liebt, zu derselben Vielgestaltigkeit, während jeder Künstler, der nur der eigenen Einbildungskraft zu folgen denkt, in Kurzem nur sich selber wiederholt.

So ist es denn auch nicht leicht, die Fülle des Reichtums, den er bietet, mit wenig Zügen zu umschreiben. In seiner Jugend bevorzugt er das glückliche Selbstbewusstsein dieses Alters, das Vertrauen auf die eigene Kraft, die gerade Sinnesart, die vollgeschwellte Existenz der gesunden Kreatur. Diese Daseinswonne in ungebrochener Frische atmen sein David und sein Georg; nur würdiger, den vorgerückten Jahren entsprechend, auch sein Marcus; ja sogar beim Gekreuzigten kann er die Freude am prächtigen Mannesleib nicht unterdrücken. Es ist überhaupt eigentümlich, Donatello hat eine fast ausschliessliche Vorliebe für das stärkere Geschlecht. Nur einmal in seiner Jugend begegnet uns die liebliche Gottesmagd in der Verkündigung, sonst nirgends ein schönes junges Weib mit den Reizen des zart gebauten, weich gerundeten Leibes. Die schwanke Erscheinung ist ihm zu unselbständig, auf einen Halt ausser ihr angewiesen. Sie eignet sich, wie die Natur sie bietet, nach seinem Gefühl ohne Steigerung nicht zur Statue; desto mehr zum malerischen Relief, wie die zitternde Prinzessin im Kampf mit dem Drachen, oder die tanzende Salome vor Herodes. Dagegen gewinnt das Heldenweib, die angehende Matrone, sein volles Verständniss. Judith über Holofernes könnte nicht wahrer empfunden sein. Selbst in der Büsserin Magdalena ehrt er die leidenschaftliche Willensenergie, die gegen das eigne schöne Fleisch gewütet und sich entäussert hat Weib zu sein, um der Liebe willen. Seine allegorischen Frauengestalten beweisen ihre Herkunft von ihm durch ein männliches Gebahren, und seine Engel oder Genien sind fast ausnahmslos nicht weiblich gebildet. Sein Mitgefühl für heitere Daseinslust im jungen Blut, das bei ihm aus vollem Herzen quillt, verkörpert er überall in munteren Bübchen, und selbst für andächtige Verehrung kennt er keine besseren Interpreten. Kein Werk enthüllt so ergreifend seine innige Vertrautheit mit der schaffenden Natur wie der nackte David, den er in Bronze gebildet; nirgends empfindet man so streng und warm seine Hingebung an ihre wundersamen Geheimnisse, als wo er das Uebergangsalter in seinem rätselhaften Knospentum belauscht. Das zieht ihn immer wieder dahin, unter dem Namen Johannes des Täufers die herbe Schönheit der florentinischen Knaben zu feiern.

Der Sinn für das männlich Geschlossene bringt ihn bald dazu den sonderlichen Charakter in seinen verschiedensten Erscheinungsformen zu verfolgen. Die selbsteigene Persönlichkeit in grossartiger Kraft rücksichtslos hinzustellen und der schroffen Einseitigkeit einer Leidenschaft zum Ausdruck zu verhelfen, wird zeitweilig sein höchstes Streben. Da scheut er nicht zurück auch das Hässliche in seiner Berechtigung anzuerkennen, ja das Lebenstrotzende erscheint ihm schön, weil es scharfkantig und knorrig sich geltend macht. Sein naiver Wahrheitssinn freut sich am Natürlichen, und ein grober, ungefüger Kerl kommt ihm um so urwüchsiger, unverfälschter vor, je unmanierlicher er auftritt. So schliessen sich an den Petrus von Orsanmichele die Prophetengestalten am Campanile, in denen er eine Zeit lang gar das Spontane, Individuelle, Eckige, das er verherrlichen will, mit dem einseitig Schiefen, Transitorischen, vom Augenblick und von der Umgebung Abhängigen verwechselt.

Das hat seinen tieferliegenden Grund in dem Wesen des Quattrocento, der neu sich bildenden Weltanschauung des modernen Menschen, den doch das ganze christliche Mittelalter vom heidnischen Altertum trennt, der sich aus den Vorstellungen seiner Väter erst losringt zur Klarheit der Humanität. Daher dieses Schwanken zwischen dem ruhig Harmonischen, dem echt Plastischen, der Darstellung der schönen Gestalt um ihrer selbst willen, die auf sich gegründet selbständig im allgemeinen Raum vor uns hintritt, und dem unruhig Zerfahrenen auf der andern Seite, dem leidenschaftlich Erregten, dem Ausbruch der Gemütsaffekte, wo der Menschenleib nur der nervös bewegte Träger des Dämons wird, der ihn umtreibt. Dieser subjektive Inhalt des Einzelwesens, den die christliche Auffassung ausschliesslich bevorzugt hatte, verlangt auch jetzt noch sein Recht. Das Quattrocento vermag nicht die eigene Vergangenheit hinter sich abzuschneiden, und das Erbteil der Väter, mit Giovanni Pisano und Giotto und Francesco d'Assisi zu verleugnen. Deshalb muss auch Donatello sich mit ihm auseinandersetzen. Nur zeitweilig geraten selbst seine Statuen in abhängige Bewegung; dieser Irrtum, der dem Wesen statuarischer Kunst widerspricht, wird bald erkannt. Aber Gestalten in Beziehung zu einer bestimmenden Umgebung zu denken, den Menschen unter Menschen in lebendiger Wechselwirkung darzustellen, trachtet auch er mit zunehmendem Eifer. Deshalb greift er zum Relief, zur historischen Scene, wo nicht blos die Gestalt, sondern die besondere, sie bedingende Umgebung mit dargestellt wird. Er sucht die Befriedigung dieser Gedanken mit richtigem Instinkt da, wohin sie gehören, im Gebiet des Malerischen.

Es ist ein erquickliches Beispiel gesunder Erziehung, mag sie aus bewusster Erkenntnis des Richtigen oder aus unbewusster Ausgleichung der selbsterhaltenden Naturanlage hervorgehen, — dass die Friesskulptur sich seitdem wieder beruhigt, nicht mehr das verblüffend Momentane sucht, sondern zu einfacher Monumentalität zurückkehrt, nebenher aber in Bronzerelief und Terracottaplatten dramatische Charakteristik, scharfzugespitzte Gegensätze, ja humoristisch durchschaute Kontraste einseitiger Tendenzen schildert, und endlich ganze Auftritte historischer Art, auf einer Bühne, wo Scenerie und Chorus mit den eigentlichen Acteurs zusammenwirken zu einem lebendigen, ja tragisch ergreifenden Konzert.

Diese Klärung im eigenen Streben und die sichere Unterscheidung der Gattungen seiner Kunst vollzieht sich, scheint es, in Rom. Sie ist langer Hand vorbereitet durch den Verkehr mit dem Architekten Michelozzo, der eine Kräftigung des monumentalen Sinnes einbringen musste, vorbereitet gewiss auch durch die Mahnungen eines Brunellesco; aber zum Durchbruch kommt sie doch erst unter den Eindrücken der Tiberstadt. Es wäre sehr kurzsichtig zu behaupten, dass nur ein erneutes Studium antiker Vorbilder diese Erleuchtung hätte bringen können. In Rom wirkte ebenso mächtig, und einheitlicher als zerstreute Statuen, die Denkmälerreihe der christlichen Metropole. Gerade bei Donatello sind z. B. auf neutralem Boden, wie die Dekoration, weit mehr Elemente altchristlicher, ja mittelalterlicher Kunst, Kosmatenarbeit, zu konstatieren. Es war der monumentale Charakter des ewigen Rom, das beruhigende, läuternde, majestätische Wesen der damaligen Stadt, wo antike Ruinen und christliche Basiliken durcheinander standen und über dem Trümmerboden, der täglich Götterstatuen gebar, der ergreifende Kultus des Christengottes einhergieng. Für den, der die inneren Erlebnisse des künstlerischen Geistes verstehen kann, giebt es wol keinen besseren Beweis als die Tatsache: hier eine Grablegung, zum ersten Mal mit der vollen Frische dramatischer Kraft und feierlicher Getragenheit erfunden, ringsum dabei geflügelte Kinder, christliche Engelchen oder heidnische Genien durcheinander, gleichviel, — Donatello in seiner alten naiven Unbefangenheit, ein Kindergemüt und ein tief ernster Poet zugleich.

Der Antagonismus zwischen malerischer und plastischer Auffassung, der allen seinen Zeitgenossen das Konzept verrückt, ist bei ihm glücklicher zum Austrag gekommen als bei irgend Einem, da seine eminente Begabung für statuarische Kunst das spezifisch plastische Princip immer wieder hochhielt. Man überschlage nur einmal was dieser Erste Statuenbildner der modernen Zeit alles dem eigenen Instinkt verdankt, wie weit er notwendig Autodidakt sein musste! Dieser angeborene Sinn für das eigenste Wesen der Skulptur erleichtert ihm auch, sich technisch zurechtzufinden in einer Zeit, wo es galt die Stilgesetze erst wieder zu erraten. Unbefangen wie er ist, sagt gerade er sich am frühesten und entschiedensten los von der gotischen Tradition, und nachdem er kennen gelernt, was von antiken Statuen zugänglich war, entschliesst er sich, auf eigene Hand von vorn anzufangen, eine persönliche Auslegung der Form zu suchen, weil weder die Gotik noch die Antike der Naturauffassung, zu welcher er hindurch gedrungen war, vollkommen entsprachen.

So verfährt er einfach, wie die Natur selbst. Er stellt seine Figuren nicht anders hin, als wie die Menschen um ihn her gehen und stehen, mag ein hochbeiniger Gesell auch gelegentlich etwas stelzfüssig scheinen. Im Ganzen kam die normale Bildung seiner Landsleute, die gleichmäfsige Entwicklung der Gliedmafsen, der prächtige Hals, der freie Gang ihm trefflich zu statten, wie andrerseits der ausdrucksvolle Gebärdensprache und die runden Bewegungen, die natürliche Neigung zur Entfaltung des eigenen Aeussern, die Lust sich darzustellen seiner Erfindung reichen Anreiz gewährten. So ein Kerl aus dem Volke gebärdet sich noch in seinen Lumpen monumental. Ungesucht ergiebt sich das Bedeutende und die einzige Sorge ist nur, in der Wiedergabe des Einzelnen die richtige Grenze zu finden und inne zu halten. Treu und gewissenhaft giebt er sich dem Modell hin, auf nichts Anderes bedacht als das wiederzugeben, was er sieht, und es so herauszubringen, wie er es sieht. Freilich hat er ein besonderes Auge für das Bedeutsame und Wichtige. Die lautere Gesinnung macht ihn bald zum Vertrauten der Natur. Er hat aus ihr das Vermögen gewonnen, in gewissen Teilen eine Feinheit zu erzielen, die den Neid des modernsten Verismus erwecken könnte, die ans Aeusserste grenzt, aber nirgends ins Kleinliche und Gequälte verfällt. In dieser Hinsicht sind seine Werke eine Schule von unschätzbarem Wert, wenn das Auge sich nur Rechenschaft giebt, wie er das Gewollte erreicht, mit welchem Geschmack er den rechten Grad herausfindet, die unsichtbare Scheidelinie, jenseits welcher das Wahre aufhört wahr zu sein in unserm schauenden Geniessen, und ob allzugrosser Wirklichkeitstreue unförmlich oder gemein wird.

Seine Leidenschaft für Alles, was Charakter heisst, verleitet ihn hier und da die Einzelformen auf Kosten des Ganzen zu betonen; er greift die Teilbildungen der menschlichen Gestalt begierig auf, um sie zur Bezeichnung der gewollten Eigentümlichkeit zu verwenden; aber stets wird eine unbefangene Rücksicht auf die Bedingungen, unter denen er seine Wirkung zu Stande zu bringen hatte, zur Bewunderung seiner unnachahmlichen Meisterschaft führen. Welche künstlerische Zucht und zielbewusste Selbstbeherrschung setzt nicht die ganze Rechnung voraus, die zwischen dem ersten Wurf der Erfindung und der Aufstellung des fertigen Werkes bei ihm vorgeht. Wie kunstreich wirtschaftet er mit den Gesetzen der optischen Erscheinung, mit den Verkürzungen für Untensicht, mit der klaren Sonderung von Licht und Schattenmassen im Tagesschein an Ort und Stelle, — und doch wie unmittelbar erscheint jede Gestalt, als wäre sie im Feuer der Begeisterung unter wenig Meisselhieben aus dem Stein entsprungen. Welche Mannichfaltigkeit von Mitteln bildet er im Lauf der Tätigkeit aus, um in Marmor, in Bronze, in Terracotta die Charakteristik der Augen, der Haut, der Gewandstoffe so zu nüanciren, wie die Gesamtintention sie fordert. Wo er für die Nähe arbeitet, wie liebkost er die Form, welche Reize gewinnt er dem Haar ab, dessen glückliche Behandlung so schwer ist, wie ladet er unser Auge ein, das feste Gefüge unter der weichen Rundung durchzufühlen, oder sich auf der Oberfläche hingleitend am Spiel der Lippen, am Hauch des Lächelns zu weiden, das in feingeschnittenen Zügen aufleuchtet! — In der Gewandung endlich, wo sich Gewohnheit und äusserliches Herkommen am längsten erhalten, — wo wäre das Vorbild, dem er sich anschlösse? Bald hat er sich zur Freiheit durchgerungen, bald verschwinden auch die letzten Reste der Trecentofalten, — und dann? Darf man von ihm sagen, er habe sich bei antiken Statuen Rats erholt? Warum folgt er nirgends ihrer schönen, aber gleichförmig klaren Gewandbehandlung, die sich am ehesten ablernt? Er hat gar keine durchgehende Manier des Drapierens und Faltenarrangierens, wenn nicht Einfachheit und Ungezwungenheit als solche gelten sollen. Er ist jedesmal neu, nur im Relief gleichmäfsig, wo die einheitliche Haltung es erheischt, jedesmal wirksam, wenn auch nicht ohne Willkür. Aber selbst da, wo der Fall zufällig von Ungefähr scheint, ist er sicher das Resultat eines absichtsvollen Griffes oder bewusster Wahl nach den Bedingungen des Standorts und nach dem Charakter des Ganzen, wenn nicht vielmehr ein genialer Wurf mit demselben Resultat.

Gewiss ist Donatello manche Schönheit, die das wirkliche Dasein bietet, verschlossen geblieben. Er gieng nicht wie andere Geister darauf aus die schönen Motive allein um ihrer Schönheit willen aufzulesen und zu verewigen. Er denkt für »das Genre« zu grossartig; bevorzugt schlecht und recht das männlich Entschiedene, das Straffe und Urwüchsige, ja das unnahbar Gewaltige. Allerdings haben andere Künstler seiner Tage, wie Lorenzo Ghiberti und Luca della Robbia das Weibliche und Engelhafte, das Zarte und Liebliche, das Sanfte und Schmiegsame glücklicher gefunden und, was ihm fremd schien, entzückend dargestellt. Aber, was ist es denn anders als die milde bezaubernde Schönheit, die er in seiner Verkündigung, im Kampf mit dem Drachen, in dem Bronzekapitäl zu Prato, in Engelköpfen zu Rom, in dem Kinderporträt der Casa Martelli verherrlicht. Weiss er nicht mit kluger Hand bei historischen Scenen zu Padua neben hocherregten Charakterfiguren auch reizende Jünglingsgestalten und schlanke Frauen zu verwerten? Welch ein Schatz von Gemüt spricht aus seiner Kinderfreude, die seine ernstesten Werke mit ihrem lustigen Treiben begleiten darf!

Wol Niemand, der für das Schicksal der Plastik bei den christlichen Völkern Verständniss hat, verschliesst sich der Grösse dieses Mannes, dem es gelungen ist, eigentlich für sich allein, eine neue bedeutende Skulptur zu schaffen, die in ihrer vollen Naturwahrheit als Vorbild für alle Zeiten gelten darf und in ihren Darstellungen so vollendet das Wesen seiner Zeit zum Ausdruck bringt, dass sie unzertrennlich mit dem Geist des Quattrocento zusammenhängt, notwendig unsere Vorstellung bestimmt, die wir mit diesem Namen bezeichnen.

Nur Einer auf demselben Gebiet lässt sich wirklich mit ihm vergleichen. Das ist Michelangelo, mit dem wir ihn am Anfang zusammengestellt. Wie eng der Nachfolger sich in seinem Können und Verfahren an den Vorgänger anschliesst, ist schon früh aufgefallen. Borghini's griechisches Dictum: »Entweder donatellisiert Bonarroti oder Donatello bonarrotisiert,« wird überall citiert. Aber eine Vergleichung beider Männer, die ins Innere ihrer Naturen greift, muss neben viel Uebereinstimmung doch gründliche Verschiedenheit ans Licht bringen. Michelangelo ist ein umgekehrter Donatello. Bei ihm ist die ganze Kunst subjektiv. Er benutzt seine eindringliche Kenntniss des Menschenleibes nur, um Gestalten nach seiner Idee zu schaffen, Verkörperungen seines persönlichen Willens, unbekümmert, ob die Natur solche Formen bietet und solche Bewegungen zwanglos veranlasst. Was bei Donatello nur einmal bei den Figuren am Campanile als vorübergehende Anwandlung auftritt, ist bei ihm Leidenschaft des Lebens, einziges Absehen seines Schaffens. Gegenüber diesem gewaltsamen Despoten, der übermenschliche Gebilde aus seinem Kopf in die Welt hineinstellt, als wollte er den Schöpfer selbst übertrumpfen, gegenüber diesem Feuergeist, der ruhelos umgreift, erscheint Donatello fast selbstlos bescheiden, in der lauteren Einfachheit seines Gemüts, in der innigen Ehrfurcht vor der Natur kommt kein Gedanke subjektiver Willkür auf. Er kennt gar nichts Höheres, als die wirkliche Erscheinung wiederzugeben, wie sie ist, denkt und ersehnt sich kein beglückenderes Ziel als dies. Er ist der treue, fromme, unentwegt wahre Liebhaber der Allmutter, die ihn ihre Geheimnisse lehrt, der naive, ganz objektive Künstler. Deshalb ist er der Anfang und das gesunde Gedeihen der wahren Skulptur, während Michelangelo die letzte noch mögliche Steigerung und damit ihr Ende bezeichnet.

Ein Nachgeborener wie Benvenuto Cellini, der das Wirken beider vor Augen hatte, durfte diesem Gefühl den Ausdruck leihen: »Der grosse Donatello und der wunderbare Michelangelo sind die beiden grössten Künstler, die es seit dem Altertum bis heute gegeben hat.«